Saber Horrível
GRANDES GREGOS

EUREKA!

TERRY DEARY

ILUSTRAÇÕES DE
MARTIN BROWN

TRADUÇÃO DE
ANTONIO CARLOS VILELA

Para Jean Longstaff, com minha gratidão

Dados Internacionais de Catalogação na Publicação (CIP)
(Câmara Brasileira do Livro, SP, Brasil)

Deary, Terry
  Grandes gregos / Terry Deary; ilustrado por Martin Brown; [tradução Antonio Carlos Vilela]. – 3. ed. – São Paulo: Editora Melhoramentos, 2022. – (Saber horrível)

  Título original: The groovy greeks
  ISBN 978-65-5539-327-9

  1. Grécia - História - Literatura infantojuvenil I. Brown, Martin. II. Título III. Série.

21-68199   CDD-028.5

Índices para catálogo sistemático:
1. Grécia: História: Literatura infantil 028.5
2. Grécia: História: Literatura infantojuvenil 028.5

Maria Alice Ferreira - Bibliotecária - CRB-8/7964

Título original em inglês: *The Groovy Greeks*
Tradução de Antonio Carlos Vilela
Publicado originalmente por Scholastic Ltd., Inglaterra, 1996
Texto © Terry Deary, 1996
Ilustrações © Martin Brown, 1996

Direitos de publicação:
© 1999 Cia. Melhoramentos de São Paulo
© 2002, 2011, 2022 Editora Melhoramentos Ltda.
Todos os direitos reservados.

3.ª edição, janeiro de 2022
ISBN: 978-65-5539-327-9

Atendimento ao consumidor:
Caixa Postal 729 – CEP 01031-970
São Paulo – SP – Brasil
Tel.: (11) 3874-0880
www.editoramelhoramentos.com.br
sac@melhoramentos.com.br

Impresso no Brasil
Impresso na BMF Gráfica e Editora

Sumário

Introdução 5
Linha do tempo dos grandes gregos 7
Os terríveis deuses 10
Lutando como um grego 16
Peças e épicos 24
Os selvagens espartanos 38
Os estranhos atenienses 46
O poder dos persas 53
Alexandre, o Grand-ioso 61
Pensando como um grego 64
Vivendo como um grego 77
A saúde dos gregos 90
As Olimpíadas 101
Comida grega 109
Crescendo como um grego 114
Os romanos estão chegando 124
Epílogo 127

INTRODUÇÃO

A história pode ser horrível. E sabe de quem é a culpa?

Não, é dos gregos!

Os gregos inventaram a história há mais ou menos 2.500 anos...

A invenção da história é apenas uma das coisas que devemos aos gregos. Eles também criaram peças de teatro, os Jogos Olímpicos – e até mesmo a câmera...

É engraçado você dizer isso. Este é um livro sobre os Grandes Gregos. Um livro que vai lhe contar tudo o que o professor deixa de lado. As coisas que você realmente quer saber. As histórias engraçadas e as de horror.

LINHA DO TEMPO DOS GRANDES GREGOS

a.C.

1600-1200 Primeiras civilizações gregas, governadas pelos poderosos micênicos.

Cerca de 1180 O cerco a Troia. Esta perde a batalha quando do famoso truque do cavalo de madeira.

Cerca de 1100 Surge a cidade-estado de Esparta.

776 Primeira Olimpíada registrada.

Entre 750 e 550 Os gregos se lançam ao mar, tornando-se grandes mercadores.

Cerca de 730 Os gregos produzem as primeiras obras de poesia escrita do mundo. O grande Homero é o mais famoso.

640 Primeiras telhas do mundo são usadas no Templo de Hera, em Olímpia.

Cerca de 600 Tales, o cientista grego, anuncia que toda a Terra flutua sobre água.

585 Tales prevê um eclipse solar.

Cerca de 550 Primeiras peças encenadas. O rei Creso, da Lídia, cunha moedas de ouro e prata – as primeiras moedas com palavras escritas.

Cerca de 530 Pisístrato, de Atenas, cria uma biblioteca.

Cerca de 520 Alcméon, de Crotona, aprende sobre o corpo humano dissecando cadáveres – demais, hein?

490 Os persas invadem a Grécia e são derrotados pelos gregos na Batalha de Maratona.

486 Primeira peça cômica em Atenas.

480 Xerxes, rei da Pérsia, ataca os gregos. Batalha de Termópilas. Heróis espartanos morrem.

460 Atenas contra Esparta e Pérsia.

431-404 Atenas tenta a supremacia sobre as outras cidades, que a enfrentam na Guerra do Peloponeso. Esparta torna-se a mandachuva.

430 A Grande Peste, em Atenas, mata o líder Péricles – além de um quarto de todos os atenienses.

413 Derrota do exército ateniense em Siracusa, seguida pela...

404 Queda de Atenas.

Cerca de 400 Engenheiros militares gregos inventam o arco abdominal – primeiro tipo de arco para lançar flechas.

378-371 Os espartanos são derrotados pelo novo mandachuva, Tebas.

336 Alexandre, o Grande, torna-se rei da Macedônia após seu pai ser assassinado. Em apenas dez anos ele conquista o antigo inimigo, a Pérsia.

330 Aristóteles inventa a "câmera obscura", espécie de câmera com diafragma, e o conceito que está por trás da fotografia, cinema e televisão – isso foi mesmo grande!

323 Morre Alexandre, o Grande. O império é dividido entre seus generais.

322 Fim da democracia em Atenas, quando os macedônios assumem o poder.

215 Arquimedes inventa armas de guerra, como a catapulta. Essas armas mantêm os romanos longe durante três anos.

213 Arquimedes manda colocar espelhos ao longo do porto. Estes cegam os romanos e incendeiam seus barcos. Os romanos se atrasam um pouco, mas...

212 Lá vêm eles!

146 A Grécia torna-se parte do Império Romano.

d.C.
394 Os romanos abandonam os Jogos Olímpicos – que não voltam a acontecer pelos 1.500 anos seguintes!

OS TERRÍVEIS DEUSES

Antes dos grandes gregos, a Grécia era dominada pelos poderosos micênicos. Seu maior palácio era na ilha de Creta – e era tão luxuoso que a rainha tinha a primeira privada com descarga do mundo! Mas os palácios se foram e também o estilo de vida micênico. Acabaram-se as privadas com descarga. O que houve de errado? Será que foram

- guerras e agressões externas?
- terremotos?
- doenças e peste?
- seca e fome?
- mudanças climáticas?

Todas essas hipóteses foram sugeridas por historiadores. Mas, tal como o desaparecimento dos dinossauros, ninguém realmente sabe ao certo.

Então, os dórios chegaram à Grécia. Eles haviam se esquecido como escrever, por isso não sabemos muito sobre aqueles dias. A essa época, os historiadores chamam de *Idade Obscura*.

Assim, sem a escrita, a história foi preservada oralmente. Conforme passavam os anos, essas histórias contadas de um a outro ficaram mais fantasiosas e improváveis. Tornaram-se lendas, na verdade.

Os gregos adoravam histórias de horror, mais que qualquer outra. Um escritor grego disse que as crianças gregas não deveriam ouvir histórias como esta (da mesma forma que os adultos dizem que você não deve assistir a certos filmes). Mas esta é a História Horrível, e este livro tem censura (quase) livre.

Não leia esta história se você costuma ter pesadelos – ou pelo menos leia de olhos fechados, para não se impressionar com as passagens mais assustadoras.

VOCÊ FOI AVISADO!

CRIANDO O NENÊ

Cronos era o deus-chefe. Você pode achar que isso o agradava, mas não. Alguém lhe dissera que um de seus filhos tomaria seu lugar.

– Não posso aceitar isso – reclamou Cronos. – Ei, Sra. Cronos, passe-me o nenê.

– Para quê?

– Sem perguntas tolas. Apenas passe-me o nenê.

A Sra. Cronos entregou-lhe o recém-nascido.

– Aqui está. O que você vai fazer com nosso nenê? – gritou ela.

– Eu vou comê-lo.

– Comê-lo! Seu poço sem fundo, comilão insaciável! Você acabou de tomar seu lanchinho da tarde, não pode estar com fome de novo!

– Eu não estou com fome – rugiu o grande deus. – É que existe essa profecia sobre um dos meus filhos tomando o meu trono. Sem filhos, sem problemas. É o que eu acho.
– Você não devia dar tanta atenção ao horóscopo! – soluçou a Sra. Cronos.
– Prefiro não arriscar – sentenciou Cronos, petulante.
– Passe o sal de frutas.
O tempo correu, como sempre, a Sra. Cronos deu à luz mais nenezinhos-deuses, e Cronos comeu todos eles. Bem, talvez nem *todos*. A Sra. Cronos estava ficando cansada dessa comilança horrorosa.
– Vou pôr um fim nesse banquete – decidiu a Sra. Cronos, sorrindo de modo estranho, enquanto escondia sob a cama o mais novo recém-nascido, Zeus.
Ela pegou uma pedra de bom tamanho, enrolou-a num cobertorzinho de nenê e colocou o pacote no berço.
Cronos entrou no quarto.
– Onde ele está?
– No berço – indicou ela.
– Coisinha feia, hein? – comentou o deus-chefe, levantando os ombros.
– Então saiu ao pai – resmungou a Sra. Cronos.

– Crocante, como sempre – observou Cronos, mastigando seus próprios dentes.
– Talvez ele seja mais *forte* que os outros – arriscou a Sra. Cronos.

Cronos jogou-se no sofá, gemendo.
– Oooh!, comi algo que não me caiu bem.
– É possível – concordou a Sra. Cronos –, muita coisa não lhe cai bem.
– Oooh! – O deus gemeu e apertou a barriga. – Acho que vou vomitar.
– Não no carpete novo, meu amor. Use aquela tigela – aconselhou a Sra. Cronos.
Num jato enorme, Cronos não devolveu apenas seu lanche empedrado, mas também todos os outros nenezinhos-deuses. A Sra. Cronos sorriu feliz.
– Isso é para você aprender a não comer coisas pesadas!

Será que os jovens deuses cresceram e tomaram o poder de seu terrível pai? O que você acha?

Não sinta pena de Cronos. Ele matou seu próprio pai, Urano, e espalhou os pedacinhos pelos oceanos. Cronos e os velhos deuses foram substituídos por Zeus e os novos deuses. Estes eram muito mais divertidos. Formavam uma família grande e infeliz. Sempre discutindo, brigando e fazendo coisas feias uns para os outros.

Zeus comandava o céu e a Terra, a partir de sua casa no topo do monte Olimpo. De todos os grandes deuses, Zeus era o maioral. Ele alcançou o posto máximo numa competição. E quando não estava flertando com mulheres humanas, estava fritando alguém com seus raios.

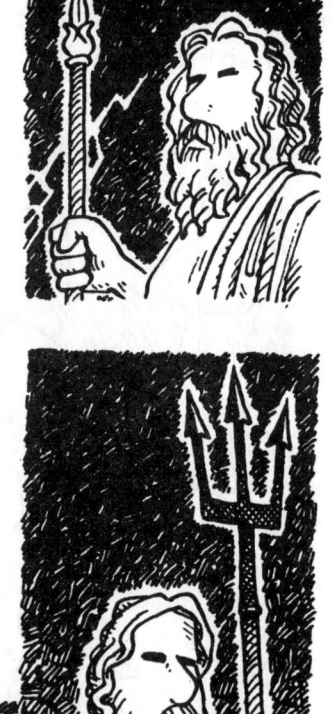

O irmão de Zeus, Posêidon, comandava o mar. Uma boa tarefa para um cara enjoado. O bom e velho Posêidon não estava satisfeito, porque era mau perdedor. Foi por isso que ele andava pelos mares mexendo as águas com seu tridente, criando tempestades. Que agitador!

Um terceiro irmão, Hades, foi o grande perdedor. Ficou com a tarefa de comandar o mundo inferior. Deve ter sido um inferno.

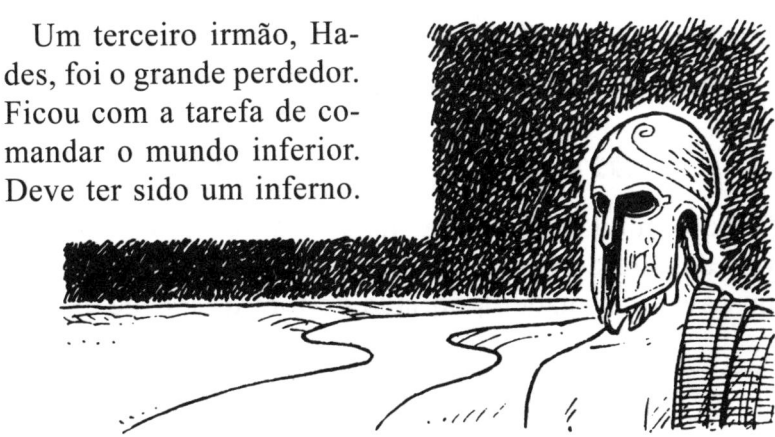

TESTE TRISTE

Prometeu, um deus jovem, gostava dos humanos. Então ele roubou o fogo dos deuses e entregou-o aos homens, na Terra. Mas o deusão, Zeus, puniu os homens, criando coisas novas e terríveis. O que eram essas coisas?

1. mulheres
2. moscas
3. professores

Resposta:
1. Mulheres! Os gregos achavam-nas mentirosas e maliciosas. Elas atraíam os homens, que não conseguiam viver sem elas. Ao mesmo tempo, incomodavam tanto que era impossível viver com elas. As mulheres ajudavam muito quando chegava a hora de dividir a fortuna de um homem, mas de nada serviam aos pobres. É claro que essa lenda é uma grande bobagem — pergunte a qualquer mulher.

LUTANDO COMO UM GREGO

OS CABEÇAS-OCAS DE TROIA

Todo mundo conhece a história do cavalo de Troia. Mas dá para acreditar? Aqueles bobocas de Troia viram um cavalo de madeira do lado de fora da cidade...

Todo mundo acha linda essa história. Ninguém para e pergunta: "Será que os troianos eram realmente tão burros?". Mas, mesmo que alguém faça essa pergunta, a resposta terá de ser "sim". Se cérebro fosse água, os troianos não teriam o suficiente para encher um conta-gotas. Isso porque eles simplesmente foram iludidos e deixaram os grandes gregos entrar na cidade *duas* vezes. É isso mesmo. Todo mundo conhece a história do cavalo de Troia. Os professores só se esquecem de contar sobre a *segunda* vez, cerca de 800 anos depois, em 360 a.C.

ENGANANDO UM TROIANO DE NOVO!

Caridemos estava cheio. Ele andava de um lado para outro de sua tenda, coçando a cabeça grisalha com sua poderosa mão. Ele se lamentava:
– Nunca conseguirei capturar Troia. As muralhas são muito fortes, e os troianos não parecem estar ficando sem comida, parecem?
– Não, senhor – murmurou seu jovem tenente. – Talvez se nós fizermos um cavalo de madeira e...
Caridemos olhou fixamente para ele.
– Obrigado. Você é a quinquagésima pessoa que sugere isso. Os troianos não vão cair nesse truque de novo. Se tentarmos isso, eles simplesmente vão colocar fogo no cavalo de madeira. Você gostaria de ser voluntário para ficar no cavalo? E provar que eu estou certo?
– Não, senhor – respondeu o jovem, ficando vermelho.
Ele ficou aliviado ao perceber alguém se aproximando da tenda e correu até a entrada.
– Senha? – perguntou.
– Ajax – o homem confirmou.
– Entre, amigo. – O tenente autorizou e abriu a dobra do tecido.
Esse homem, um guarda, entrou puxando uma corrente,

que tinha na ponta um homem todo esfarrapado. O guarda ficou em posição de sentido:
— Espião, senhor. Peguei-o roubando comida. Permissão para executá-lo, senhor?
O general Caridemos observou o prisioneiro. Suas roupas estavam em más condições, mas eram caras. O general respondeu:
— Ainda não. Deixe-nos a sós.
O guarda saudou-o e saiu.
— Sente-se — ordenou Caridemos, apontando para uma almofada. — Seu nome?
— Damon. — O prisioneiro sorriu. Ele tinha um corpo atlético e olhos nervosos, que vagueavam pela tenda, sem conseguir encarar ninguém.
— Então você veio de Troia para roubar nossa comida? As coisas estão assim ruins lá dentro?
Damon sorriu enigmático.
— Vocês, gregos, comem melhor que os troianos. Mesmo antes do cerco, o rei nos dava pouca comida.

– Você não gosta do rei? Então por que trabalha para ele? – perguntou o general grego.
– É só um trabalho. – O prisioneiro deu de ombros.
Caridemos se aproximou.
– E se eu lhe oferecer um trabalho? Com melhor salário e melhor comida?

Damon olhou para seu polegar e colocou-o sobre os lábios.
– Ficarei feliz de trabalhar para o senhor. Serei leal.
– Ah, com certeza será leal, Damon. – Os olhos do general estavam duros como ferro, enquanto ele respondia. – Os homens que me traem morrem... mas morrem bem devagar.
Damon se arrumou na almofada e sorriu nervoso.
– O que o senhor quer que eu faça?
– Eu quero que você seja o meu cavalo de madeira, Damon. Ouça com atenção. Vou lhe dizer exatamente o que você vai fazer.
Caridemos precisou de uma semana para preparar seu plano. Seu jovem tenente estava nervoso. Enquanto travava o fecho da armadura do general, perguntou:
– Como o senhor sabe que Damon não vai nos trair?
O general experimentou sua espada e respondeu:
– Damon é ganancioso, mas não é burro. Ele sabe que tomaremos Troia cedo ou tarde. Se demorarmos muito a entrar ficaremos bravos, ele sabe. E certamente mataremos os homens troianos, inclusive ele. Mas, se nos ajudar, ele

viverá e não precisará mais ir para a cama de estômago vazio.

Caridemos guardou a espada na bainha.

– Passe-me a capa – ordenou.

O tenente pegou a capa, grande e fedorenta, deslizando-a sobre os largos ombros do general. Um capuz cobria a cabeça do comandante. Eles arrumaram a capa de modo que esta cobrisse as armas. O general sujou as mãos e o tenente lhe disse:

– O senhor passará por um viajante pobre.

O general trotou para fora de sua tenda e se reuniu a uma dúzia de homens vestidos da mesma forma. Ninguém disse uma palavra. Caridemos tomou a frente do grupo, que saiu do acampamento iluminado e seguiu a estrada para Troia.

Damon, sentado num cavalo, aguardava-os.

– Está tudo pronto, Damon? – perguntou o general.

– Sim, senhor – respondeu o pequeno homem, sorrindo.

Ele bateu com os calcanhares nas ilhargas do cavalo, e o grupo se pôs a caminho, em direção aos portões da cidade. Os soldados gregos rangiam os dentes, enquanto iam de encontro ao inimigo.

– Quem vem lá? – gritou um soldado na torre do portão.

– Damon! – respondeu o traidor.

– Ah, muito bem! E quem está com você?

– Os gregos estão se sentindo à vontade! Eu fui ao campo deles e encontrei alguns de nossos soldados, que estavam prisioneiros, guardados apenas por um homem. Eu o matei e trouxe os soldados de volta – mentiu Damon.

– Mas deixe-nos entrar. Eles estão cansados e doentes!

– Certo, Damon, mas é melhor você falar a senha.

– Castor – disse Damon rapidamente.

Os portões rangiam enquanto eram abertos. Damon, no cavalo, e os soldados gregos entraram.

Assim que os portões se fecharam, os gregos tiraram suas capas e subiram até as muralhas e as torres dos portões.

Os defensores troianos não tiveram chance. Eles vigiavam os gregos fora das muralhas, não esperavam um ataque de dentro.

Caridemos degolou o último guarda e deixou seu corpo inerte cair no fosso que corria ao longo da muralha. Os gregos se reuniram na torre sobre o portão.

– Agora vamos esperar nosso exército. – O general começou a falar, mas seu tenente correu para a muralha. O barulho de pés marchando e armas rangendo chamou sua atenção.

– Eles estão aqui, senhor – disse o tenente –, mas chegaram muito cedo!

– Ou então não são nossos homens – respondeu o general.
– E como vamos saber, nessa escuridão? – perguntou o tenente.
– A senha, peça a senha... você sabe: "Cavalo de Troia". Rápido! – ordenou o general.
– Quem vem lá? – perguntou o tenente.
– Amigos! – foi a resposta.
– Diga a senha.
Depois de um instante, a voz respondeu:
– Castor.
Os gregos olharam para seu general.
– Deixe-os entrar – orientou Caridemos. – Caso contrário, eles darão o alarme antes que *nosso* exército chegue. Escondam-se atrás do portão e, depois que todos entrarem, matem-nos. Matem todos!
Os gregos correram para suas posições atrás do portão, enquanto o general e o tenente viravam as engrenagens que o abriam. Ouviram-se sons de pés marchando, gritos de surpresa e medo, choque de armas e, então, estabeleceu-se o silêncio da morte.
Na sombra mais escura de uma rua troiana, um homenzinho sorria, montado em seu cavalo. Um cavalo que levara o inimigo para dentro de Troia... de novo!

PEÇAS E ÉPICOS

Depois das histórias de deuses, surgiram as de heróis – homens que eram quase tão poderosos quanto os deuses. A única diferença era que os heróis eram "mortais" – podiam morrer.

As histórias sobre os heróis eram contadas como poesias. Eram cantadas nos palácios da Grécia antiga. Então, após a Idade Obscura, começou-se a escrever as poesias. O mais antigo poema foi escrito pelo grego Homero. Sua obra, *A Ilíada,* conta a história do cerco a Troia, com os heróis lutando até a morte para pegar Helena e levá-la de volta a seu amado, o rei Menelau.

Essa foi uma história tão extraordinária que é lida até hoje. Os poemas eram declamados no palco, enquanto um grupo de bailarinos dançava. Então, um poeta muito esperto, chamado Ésquilo, teve uma grande ideia. Ele colocou um segundo "leitor" no palco. Isso já era uma "peça" – o primeiro drama do mundo. Mais uma grande invenção grega! Outros dramaturgos famosos foram Eurípides e Sófocles.

É claro que, como tudo o mais na Grécia, a dramaturgia também virou competição. Ia-se assistir às peças para ver qual era a melhor e ganharia o prêmio. Mas não era como ir ao teatro hoje em dia. O teatro grego...

- não tinha cenário
- era encenado ao ar livre
- não tinha atrizes – só atores
- não tinha ação – eram só pessoas *falando sobre* as partes mais interessantes: assassinatos e tudo o que acontecia fora do palco
- os atores usavam máscaras e sapatos de salto muito alto, o que fazia com que eles se movimentassem muito lentamente.

Havia dois tipos de peça. As sérias, nas quais muita gente morria terrivelmente – chamadas de "tragédias" –, e as engraçadas, repletas de piadas legais e grosserias – as "comédias".

Uma das tragédias favoritas dos gregos era sobre a Guerra de Troia. Diversos escritores contaram a mesma história. A diferença estava em *como* era contada.

O dramaturgo Ésquilo não escreveu sobre a luta em Troia – o poema de Homero já fizera isso. Ésquilo contou a história das mulheres que ficaram para trás. Mulheres como Clitemnestra, esposa do líder grego Agamenon. Se

Clitemnestra escrevesse um diário naquela época agitada, seria mais ou menos assim:

DIÁRIO DE UMA ASSASSINA

Querido diário,

Você não vai acreditar no que minha irmã Helena fez! Ela fugiu com aquele belo jovem, Páris. Essa Helena é uma sem-vergonha! Era só seu marido, Menelau, estar fora do palácio que ela ficava de conversinha com o jovem Páris. Eu diria que isso é <u>revoltante</u>! Você nunca me pegaria flertando com um convidado. É claro que eu tenho três filhos para olhar. Tenho de lhes dar bom exemplo. De qualquer modo, acredita-se que Helena e Páris fugiram para um lugar chamado Troia. Deve ser melhor que Esparta. Um lugar brutal, Esparta. Eu sempre disse que ela nunca se acostumaria.

 **TROIA**

Vai haver confusão, escreva o que eu digo. Meu marido, Agamenon, chegou botando fogo pelas ventas esta noite.

— Você ouviu o que sua irmãzinha fez? — ele bufou.

— Eu ouvi. Não posso culpá-la. É um cara bonito e jovem, esse Páris. — Eu sabia que meu comentário iria irritá-lo. Ele ficou mais vermelho que sangue em altar de sacrifício. Mas não deixarei que falem qualquer coisa contra a nossa Helena.

Ela sempre foi meio avoada, é justo dizer. Mas é minha irmã, e não deixarei ninguém falar uma palavra contra ela.

— Um cara jovem e bonito! —exclamou Agamenon.
— Ele era um convidado. Um <u>CONVIDADO</u>! Ele traiu a confiança de Menelau. Roubou sua mulher enquanto ele estava caçando!
— Não precisa gritar — eu lhe pedi. — Você vai assustar Ifigênia. — Disse isso e afaguei o cabelo de nossa garotinha.
— O que aconteceu, mamãe? — perguntou Ifigênia.
— Sua tia Helena foi para Troia com aquele belo príncipe, Páris — respondi.
— Ah, é só isso? — concluiu ela, voltando à sua costura. Garota adorável, nossa Ifigênia. Quisera que os outros dois, Orestes e Electra, fossem tão bons. Estranho casal.

ORESTES E ELECTRA

— De qualquer modo — acrescentou Agamenon —, vai haver confusão. E das grossas. Parece que vamos embarcar em mil navios para trazê-la de volta.
— Isso vai levar meses! — eu avaliei.
— Um grego precisa fazer o que se espera de um grego! — sentenciou ele. — Agora deixe-me jantar. Depois vou organizar o exército.

— Organizar o exército? — eu repeti. — Não me diga que você também vai?!
— Se eu vou? Se? Eu vou comandar a expedição. Menelau é meu irmão, afinal de contas!

É típico de Agamenon. Comprar a briga de alguém. Só uma desculpa para entrar numa batalha e me deixar aqui por meses a fio. Seria bem-feito se eu imitasse Helena e arrumasse um amante. Isso iria ensiná-lo. Na verdade, tenho reparado naquele Egisto há algum tempo...

EGISTO

Mas não. Nossa Ifigênia ficaria preocupada. Vou deixar Agamenon se divertir. Mas espero que ele tenha enjoos no mar.

<u>OUTONO</u>

Eu vou matá-lo! Eu <u>vou matar</u> Agamenon. Você não vai acreditar no que ele fez! Se eu tivesse uma espada o teria matado! Mas agora ele se foi. Só me resta esperá-lo. Mas, mesmo que demore seis meses ou seis anos até ele voltar, eu vou me vingar. Beberei seu sangue, ah, sim!

Nunca irei perdoá-lo. Eu sei de seus problemas.

Mil navios esperando para zarpar para Troia sem conseguir sair do porto de Áulis. O vento trazia-os de volta. Semana após semana.

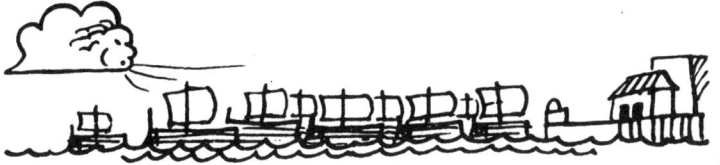

É claro que eu sabia que eles iriam consultar o Oráculo, para pedir conselho. Mas eu nunca descobri o que o Oráculo lhes disse. Agamenon ficou de bico fechado quando voltou para casa.
– Bem, e então? – perguntei.
– Ah, um sacrifício – resmungou ele. – Só um sacrifício, e os deuses farão o vento ajudar.
– Tudo bem, então. O que é? Um carneiro? Um cervo?
Ele murmurou algo e foi saindo da sala.
– O que é? – eu insisti. Eu não estou ficando surda. Eu juro que ele <u>não queria</u> que eu ouvisse.
– É... uma virgem. Temos que sacrificar uma garota virgem – respondeu ele, embaraçado.
– Opa! Meu Agamenonzinho. Você nunca mataria uma garotinha só para trazer de volta aquela vagabunda imprestável da Helena. Ou mataria?

— Um grego tem que fazer...

— É, sei, o que se espera de um grego! Eu sei disso. Eu acho que é uma vergonha. Sinto pena da mãe da moça.

— Certo — respondeu ele, encabulado, e saiu.

Eu estava muito preocupada. Devo dizer que me perturbava a ideia de alguns brutamontes massacrando uma garota só para fazer algum deus feliz. Então mandei chamar minha doce Ifigênia, para me alegrar com ela.

Sua aia estava pálida como uma estátua de mármore quando a chamei.

— Ifigênia foi para o sacrifício — choramingou ela.

— Para o sacrifício! — gritei. — Ela é muito nova para assistir a coisas horríveis como essa. Isso vai perturbá-la. Ela não vai querer jantar. Ela nunca come bem mesmo — refleti.

— Não — lamentou a aia —, ela não vai jantar de novo... jamais. Ifigênia foi <u>para</u> o sacrifício. Ela é o sacrifício — explicou a pobre mulher.

Fiquei muda. Aquele rato fedorento e mentiroso que tenho como marido tinha matado nossa garotinha num altar só para que ele pudesse partir e brincar de soldadinho.

De fato, os ventos mudaram, e ele zarpou antes que eu pusesse minhas mãos nele. Deixou-me sozinha para criar o "estranho casal": Orestes e Electra.

Mas posso esperar. Ah, eu posso esperar. A espera fará com que minha vingança seja mais saborosa.

Mas acredite em mim, eu vou pegá-lo. Se ele não morrer em Troia, morrerá quando chegar em casa. Eu posso esperar.

CINCO ANOS DEPOIS

Tomar Troia não está sendo tão fácil como se esperava. A brincadeira de soldado não está sendo tão interessante como eles imaginavam. Acampados fora das muralhas de Troia, todos os dias. Suas mentes estreitas devem estar se cansando.

Eu mesma estou cansada. Mas agora tenho a companhia do belo e inteligente Egisto – inteligente o bastante para não ir a Troia.

Seria bem-feito para Agamenon se ele morresse na batalha. Mas agora tenho Egisto para garantir que o velho idiota morra se conseguir voltar para casa. Agora tenho duas razões para me livrar dele. Ainda não esqueci Ifigênia.

Quanto ao "estranho casal", eles estão mais estranhos que nunca. Às vezes acho que eles não amam a própria mãe. Tudo bem, porque eu também não penso muito neles.

MAIS CINCO ANOS

Ele está de volta. O herói conquistador volta ao lar. Como não conseguiu vencer os troianos numa luta justa, usou um truque com um cavalo de madeira, ou algo assim. Escondeu soldados dentro do cavalo, foi o que disseram.

CAVALO DE TROIA

Típico truque sujo de Agamenon. A pobre Helena está outra vez com Menelau e todos estão felizes. Exceto por mim. E pelos troianos, é claro.

Eu fingi receber Agamenon como uma esposa apaixonada. Mas foi difícil, quando aquela garota entrou.

— Esta é Cassandra — disse ele.
— Cassandra? A filha do rei de Troia?
— Ela mesma, e também minha futura mulher — e sorriu.

— Você já tem uma mulher. Você já tem a mim!
— Cassandra será minha segunda mulher! — confirmou ele, marchando para o palácio, com aquela garota magricela atrás. Dizem que ela tem o dom da profecia. Nesse caso, sabe que vamos matá-la também. Pude ver em seus olhos. Ela sabe. Ela sabe.

DIA SEGUINTE

Está feito. Ele está morto. Nós esperamos até que Agamenon entrasse na banheira. Eu entrei com a espada. Poderia tê-lo acertado pelas costas. Mas queria que ele soubesse o que estava para acontecer — do mesmo jeito que Ifigênia soube, dez anos atrás. Egisto deu o golpe de misericórdia. O banheiro ficou uma sujeira.

Cassandra estava em seu quarto. Esperando. Como se estivesse me esperando. E talvez estivesse mesmo. Ela não chorou nem tentou fugir. Apenas fechou os olhos e curvou a cabeça.

De certa forma, foi mais difícil que matar Agamenon. Mas acabou. Ah, sim, Electra e Orestes, o estranho casal. Estão tramando alguma. Mas não podem fazer nada. Matar a própria mãe é contra todas as leis dos deuses e dos homens. Estou segura.

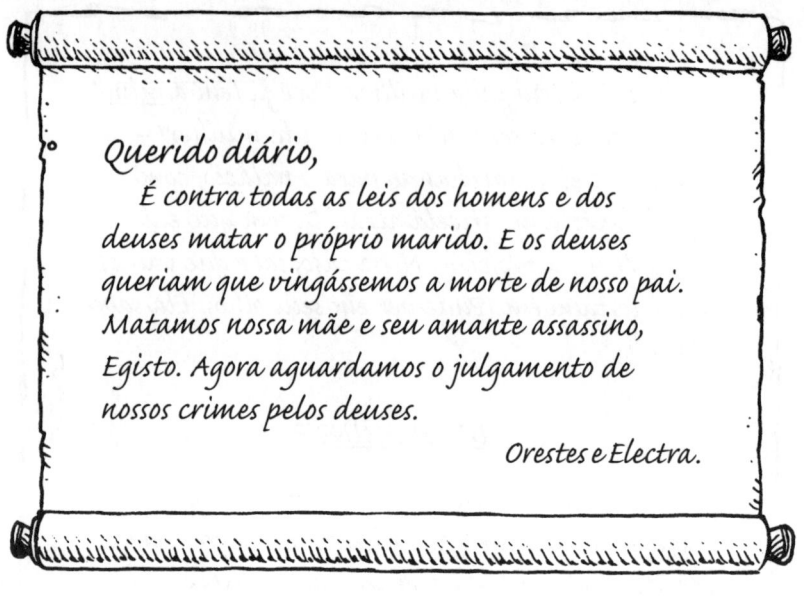

Querido diário,
É contra todas as leis dos homens e dos deuses matar o próprio marido. E os deuses queriam que vingássemos a morte de nosso pai. Matamos nossa mãe e seu amante assassino, Egisto. Agora aguardamos o julgamento de nossos crimes pelos deuses.
Orestes e Electra.

Os deuses decidiram destruir Orestes e Electra por terem matado sua mãe. Mandaram as Fúrias (espécie de anjos vingadores) atrás do estranho casal. Mas, no final, a deusa Atena concedeu-lhes perdão.

Esse era o tipo de história a que os gregos gostavam de assistir no palco. Dizem que os filmes e programas de televisão, hoje, são violentos demais. Mas a verdade é que histórias violentas entretêm as pessoas há milhares de anos.

A VERDADE SOBRE TROIA

Mas será que a história de Troia é verdadeira? Aconteceu mesmo? Homero a escreveu centenas de anos após o acontecido. É claro que a história poderia ter passado de boca em boca durante a Idade Obscura. Pergunte a um historiador.

FÁBULAS FABULOSAS

Tanto quanto as peças, os antigos gregos gostavam de uma boa história. E ninguém contava melhores histórias que Esopo. Suas fábulas são populares até hoje. Todo mundo conhece *A Tartaruga e a Lebre*. A moral da história é: "Devagar e sempre se vence a corrida". Ou *O Menino Que Gritava Lobo*. A moral desta é: "Ninguém acredita num mentiroso, mesmo que comece a dizer a verdade".

Ele nos deixou provérbios sábios, como "nunca conte suas galinhas antes de abatê-las". Mas a fábula mais terrível de todas é sobre o próprio Esopo.

Esopo foi um herói popular grego que supostamente viveu no século VI a.c. A lenda diz que ele nasceu na Trácia, viveu como escravo na Ilha de Samos, foi libertado e viajou pelos outros estados contando suas histórias. Então ele chegou a Delfos, onde ficava o Oráculo. Na Grécia antiga, o sacerdote ou a sacerdotisa que ouvisse os conselhos dos deuses era chamado de Oráculo. Parece que Esopo perturbou os sacerdotes do Oráculo. Talvez ele tenha contado a história...

O HOMEM E O DEUS DE MADEIRA

Antigamente, os homens costumavam adorar troncos, pedras e ídolos e rezavam a eles para que lhes trouxessem boa sorte. Aconteceu que um homem frequentemente rezava para um ídolo de madeira que recebera de seu pai. Mas sua sorte nunca mudava. Ele rezava e rezava, mas permanecia azarado como sempre.

Um dia, extremamente furioso, foi até seu deus de madeira e derrubou-o, com um golpe, do lugar onde ficava. O ídolo quebrou-se em dois, e sabe o que aconteceu? Uma enorme quantidade de moedas cobriu todo o local.

A moral da história é: "Religião é apenas um truque criado para que os sacerdotes ganhem dinheiro".

Os sacerdotes não gostaram nem um pouquinho dessa história que Esopo contou. Eles levaram-no ao alto de um precipício e jogaram-no para a morte.

OS SELVAGENS ESPARTANOS

A primeira grande cidade-estado que emergiu após a Idade Obscura foi Esparta. Os espartanos eram um bocado esquisitos. Eles acreditavam que eram melhores do que todo o mundo. Se os espartanos quisessem mais terras, eles simplesmente ocupavam o terreno de alguém. E transformavam esse alguém em escravo. Resumindo, os espartanos eram a turma mais folgada de toda a Grécia.

> VOCÊ TEM DE ESCOLHER: DÊ-NOS TODAS AS SUAS TERRAS E POSSES E TORNE-SE NOSSO ESCRAVO, OU EU O MATO!

> É DIFÍCIL ESCOLHER.

É claro que muitas pessoas não gostavam de ser escravizadas. Elas discutiam com os espartanos na única linguagem que eles conheciam – a violência. Os espartanos provavelmente formavam o povo mais implacável de toda a Grécia, porque estavam sempre tendo de lutar para provar como eram bons.

Para isso, não era suficiente treinar os jovens para a guerra. O treinamento começava no dia do nascimento.

DEZ FATOS TERRÍVEIS

1. As crianças eram colocadas em forma correndo, lutando, arremessando discos e dardos – e isso também valia para as garotas!

2. As meninas tinham de ficar nuas nas procissões, espetáculos e serviços do templo. Assim elas não aprendiam a usar roupas elegantes.

3. Quanto ao casamento, o costume em Esparta era que o jovem fingisse usar violência para roubar a noiva. Esta, então, cortava o cabelo e se vestia como um homem. O noivo retornava ao exército e precisava fugir para visitar sua mulher.

4. Os nenês recém-nascidos eram levados até os espartanos mais velhos. Estes examinavam-nos. Sobre os saudáveis e fortes eles diziam "deixe viver". Se algum parecesse um pouquinho doente, era levado para uma montanha e deixado à morte.

5. Os filhos não pertenciam a seus pais; eles pertenciam ao Estado de Esparta. Aos sete anos a criança era enviada para se agregar a um "rebanho" de crianças. A mais valente tornava-se líder e comandava as outras. Os velhos que cuidavam das crianças frequentemente faziam-nas brigar para ver qual era mais forte.

6. Aos doze anos recebiam uma capa, e só. Eram permitidos uns poucos banhos por ano.

> ESSE TASOS É MANÍACO POR LIMPEZA.
>
> É... ESSE É SEU TERCEIRO BANHO ESTE ANO.

7. As crianças dormiam sobre junco, que elas mesmas recolhiam nas margens dos rios. Se, no inverno, sentissem frio, misturavam ao junco algumas folhas de cardo... as picadas davam a sensação de calor.

8. Os espartanos faziam suas crianças passar fome. Elas eram encorajadas a roubar comida – agir de forma sorrateira é bom no campo de batalha. Se elas fossem pegas roubando, apanhariam. Veja bem, elas não apanhavam porque estavam roubando, e sim porque tinham sido descuidadas a ponto de ser pegas. Às vezes, os jovens eram espancados apenas para se tornar mais duros. Se o espancamento matasse o jovem, azar.

> VOCÊ ESTÁ MAIS DURO AGORA... MORTO, MAS DURO!

9. Os rapazes mais velhos eram servidos pelos mais novos. Uma punição comum a um novato que fizesse algo errado era uma mordida nas costas da mão.
10. Aquele que chorasse durante uma luta seria punido, junto com seu melhor amigo.

Mas os selvagens espartanos não eram piores que alguns de seus inimigos, como os cítios. O historiador Heródoto (485-425 a.C.) descreveu os horrores dos cítios...

> NUMA GUERRA, É COSTUME QUE UM SOLDADO CÍTIO BEBA O SANGUE DO PRIMEIRO HOMEM QUE MATAR. AS CABEÇAS DE TODOS OS INIMIGOS MORTOS SÃO LEVADAS AO REI. UMA CABEÇA REPRESENTA UM VALE QUE PERMITE AO SOLDADO UMA PARTE DO SAQUE. SE NÃO TROUXER CABEÇAS, NÃO RECEBE O SAQUE.

> O CÍTIO RETIRA A PELE DA CABEÇA FAZENDO UM CORTE CIRCULAR AO REDOR DAS ORELHAS E REMOVENDO O CRÂNIO; ENTÃO ELE RETIRA A CARNE DA PELE COM UMA COSTELA DE TOURO E, QUANDO A PELE ESTÁ LIMPA, A TRABALHA COM AS MÃOS. ELA É PENDURADA, COMO UM TROFÉU, NAS RÉDEAS DO CAVALO, SERVINDO DE LENÇO. O SOLDADO CÍTIO TEM ORGULHO DESSE TROFÉU. O MELHOR GUERREIRO É AQUELE QUE TEM MAIS ESCALPOS. MUITOS CÍTIOS COSTURAM PARA FAZER CAPAS, USANDO-AS COMO AS CAPAS DE CAMPONESES.

O garoto que não gritava "raposa"
Uma história espartana demonstra como eles realmente eram únicos. É a história de um bom garotinho espartano.

Como ser um bom espartano
1. Roube o que quiser, mas não seja pego.
Ele roubou um filhote de raposa que pertencia a uma pessoa.

Como ser um bom espartano
2. Não se entregue sem luta.
O garoto foi visto correndo da cena do furto, sendo preso em seguida. Mas, antes de ser pego, ele teve tempo de esconder o filhote na sua túnica.

Como ser um bom espartano
3. Minta e trapaceie para sair de uma encrenca.
O mestre do garoto perguntou-lhe sobre o filhote de raposa. O garoto respondeu:
– Filhote de raposa? Que filhote de raposa? Eu não sei nada disso!

Como ser um bom espartano
4. É melhor ser um herói morto que um bebezinho chorão vivo.
O interrogatório continuou e continuou. Até que, de repente, o garoto caiu. Morto. Quando os guardas examinaram o corpo, descobriram que o filhote de raposa comera as vísceras do garoto. O jovem e durão espartano não dera nenhum sinal de que sofria e não se entregou, ainda que isso tenha lhe custado a vida.

Você conseguiria ser tão valentemente dissimulado como o garoto espartano?

TERMÓPILAS

Pode ser que a história do garoto e da raposa não seja verdadeira, mas ela mostra o tipo de pessoa que os espartanos admiravam. Mas, quase com certeza, a história da Batalha de Termópilas é verdadeira. Mais uma vez, ela mostra como os espartanos preferiam morrer a se entregar.

Havia apenas trezentos espartanos, comandados pelo rei Leônidas, defendendo o desfiladeiro das Termópilas contra dezenas de milhares de persas. O líder persa, Xerxes, enviou espiões para descobrir quantos soldados defendiam o desfiladeiro.

Ele não acreditava que os espartanos seriam loucos o suficiente para lutar e morrer. Xerxes não conhecia os espartanos.

Mas estes não eram apenas destemidos. Eles eram destemidos com estilo. Os espartanos gastaram o tempo antes da batalha passando óleo no corpo e penteando o cabelo. Isso era realmente demais!

> AH, NÃO! MISTUREI O ÓLEO DA LANÇA COM A LOÇÃO PARA O CORPO.

Como ser um bom espartano
5. Quando estiver em dificuldades, pense em algo espirituoso para dizer.

Os espartanos foram avisados de que os persas tinham tantos arqueiros que suas flechas tampariam o Sol. Dioneces, o general espartano, respondeu:

– Isso é bom. Teremos um pouco de sombra para lutar.

> COMO ESTÃO AS COISAS, MELOS?

> AH, NADA MAL, PAROS... NÃO ME QUEIXO.

Como ser um bom espartano
6. Seja mais frio que um picolé.
Os espartanos resistiram por uma semana. Então, um traidor guiou os persas por um caminho secreto até as costas dos espartanos. Os trezentos foram massacrados. Enquanto lutavam até a morte, alguns perderam sua espada. Eles continuaram combatendo com mãos e dentes.

Você conseguiria ser tão frio como um espartano em perigo?

Você sabia que...?
Um modo horrível de você provar que era um bom espartano era ser chicoteado no altar da deusa Artêmis. Aquele que suportasse o maior número de chibatadas era o mais valente. Sangrando quase até a morte – e às vezes *até a morte* –, mas *valente*. Ah, sim, um *perfeito* espartano.

O ESPARTANO FANTASMA

Pausânias foi um grande general espartano que ajudou a derrotar os persas em 479 d.C. Mas os espartanos acharam que ele estava ficando muito cheio de si e pediram-lhe que voltasse a Esparta para se explicar – ou ser punido.

Pausânias não gostou da novidade. Ele escreveu uma carta ao rei persa, Xerxes, oferecendo-se para trair Esparta. A carta foi enviada por um mensageiro. Este, perguntando-se por que os mensageiros anteriores não tinham voltado, abriu a carta e a leu. No final dela havia uma pequena mensagem para Xerxes...

BLÁ, BLÁ, BLÁ, BLÁ, BLÁ, BLÁ, BLÁ

Sinceramente,
Pausânias.
P.S.: Mate o mensageiro para que ele não possa me denunciar.

Em vez de entregar a carta a Xerxes, o mensageiro levou-a aos espartanos. Você não faria o mesmo? Os espartanos enviaram guardas para prender Pausânias. O general fugiu para o templo de Atena, onde se abrigou num edifício pequeno.
– Vocês não podem me tocar aqui. Estou em solo sagrado – ele argumentou.
– Certo – concordou o comandante dos guardas. – Não tocaremos em você.
E não o fizeram. Apenas fecharam a porta com tijolos e deixaram-no morrer de fome e sede. Esse deveria ter sido o fim de Pausânias. O problema foi que seu fantasma começou a assombrar o templo, emitindo barulhos terríveis e fazendo a sacerdotisa perder clientes.
No final, ela chamou um mago – uma espécie de caça-fantasmas grego – para se livrar dele... de uma vez por todas.

OS ESTRANHOS ATENIENSES

DRACO, O IMPLÁCAVEL

O povo de Atenas era muito diferente dos espartanos. Um de seus primeiros governantes foi um homem chamado Draco. Os atenienses pensavam que os espartanos eram muito brutais, mas as leis de Draco eram quase tão cruéis. Pelas leis de Draco...
- você poderia transformar em escravo alguém que lhe devesse dinheiro
- o roubo de uma maçã ou de um repolho era punido com a morte
- pessoas julgadas culpadas de vadiagem eram executadas.

EU NÃO VADIAVA; EU DORMIA!

Draco disse:

SIM, É INJUSTO. CRIMES GRANDES E PEQUENOS TÊM A MESMA PUNIÇÃO. SE EU PUDESSE PENSAR NUMA PUNIÇÃO PIOR QUE A MORTE PARA OS CRIMES MAIS SÉRIOS...

Setecentos anos depois, Plutarco, um escritor grego, disse:

> AS LEIS DE DRACO NÃO ERAM ESCRITAS COM TINTA, MAS COM SANGUE.

Outros gregos achavam que as leis de Draco eram melhores do que a ausência de leis. (Eles tinham essa opinião porque não tinham sido executados por Draco, é claro.)

PISÍSTRATO, O BEM-HUMORADO

Outro governante, Pisístrato, não era tão rígido. Ele também era um "tirano" – na Grécia, tirano era aquele que tomava o poder pela força –, mas só permaneceu no poder enquanto as pessoas concordavam com o que ele fazia.

Pisístrato determinou que as pessoas pagassem impostos elevados – 10% de tudo o que ganhassem. Mas, pelo menos, ele tinha senso de humor.

Um dia ele visitou um fazendeiro. Este não reconheceu Pisístrato.

> O QUE VOCÊ CONSEGUE COM A TERRA?

> NADA, A NÃO SER DORES. GOSTARIA QUE PISÍSTRATO RECEBESSE SEUS DEZ POR CENTO DELAS.

Pisístrato riu e ordenou que o velho fazendeiro nunca mais pagasse impostos.

PISÍSTRATO, O ARDILOSO

Pisístrato tornou-se muito impopular, e o povo de Atenas estava se voltando contra ele. Um dia, ele apareceu com sua biga no mercado. Ele e suas mulas estavam em péssimo estado, cortados e sangrando. – Fui atacado por assassinos! – ele gritou. – Por pouco não morro!

POR QUE ELE RECEBE TODA A ATENÇÃO?

Os atenienses ficaram preocupados com a possibilidade de perder seu líder – não muito popular, mas o único que tinham. Então eles reuniram os mais fortes e brutais atenienses para serem os guarda-costas de Pisístrato. Este utilizou-os, depois, para controlar a cidade.

O ataque a Pisístrato deu-lhe poder. Como se essa fosse sua intenção. Afinal, não houve *nenhum* ataque. O engenhoso líder fizera ele mesmo os machucados!

QUEM MATOU O TOURO?

Os atenienses não eram tão cruéis quanto os espartanos. Mas também tinham suas esquisitices. Um dos costumes mais esquisitos de Atenas envolvia o sacrifício de um touro no templo. A morte do touro não era estranha em si. O que os atenienses faziam *depois* é que era curioso. Eles realizavam um julgamento para decidir "quem tinha matado o touro".

EU CULPO AS MOÇAS QUE TROUXERAM A ÁGUA QUE AFIOU O MACHADO!

NÓS CULPAMOS O HOMEM QUE AFIOU O MACHADO E A FACA.

EU CULPO O HOMEM QUE PEGOU A FACA E O MACHADO.

EU CULPO O HOMEM QUE ACERTOU O TOURO COM O MACHADO.

EU CULPO O HOMEM QUE ESFAQUEOU O TOURO.

EU CULPO A FACA.

O QUE VOCÊ TEM A DIZER, FACA?

NESSE CASO, DECLARO A FACA CULPADA DO ASSASSINATO DO TOURO. EU A SENTENCIO À MORTE POR AFOGAMENTO. JOGUEM A FACA NO MAR.

NÃO CONSIGO "PESCAR" O QUE ACONTECEU.

CICUTA MORTAL

Os atenienses não eram estranhos apenas na hora de matar suas vacas. Eles também matavam uns aos outros de modo esquisito.

Após perderem a guerra contra Esparta, os atenienses procuraram alguém para culpar. Eles acusaram Sócrates, o velho professor. Sendo um sujeito muito avançado, ele não acreditava nos velhos deuses. (É mais ou menos como o seu professor dizendo para você não acreditar no Papai Noel.) Em Atenas isso era punido com a morte.

Mas os atenienses não mataram o velho mestre. Eles ordenaram que Sócrates se matasse com veneno! Platão descreve a terrível cena:

> O HOMEM QUE DEVERIA FORNECER O VENENO ENTROU COM A MISTURA PRONTA NUMA XÍCARA. AO VÊ-LO, SÓCRATES DISSE:
> – BOM HOMEM, VOCÊ ENTENDE DESSAS COISAS. O QUE EU DEVO FAZER?
> – APENAS BEBA E ANDE UM POUCO, ATÉ SENTIR SUAS PERNAS PESADAS. ENTÃO DEITE-SE. ELE AGE MUITO DEPRESSA.
> O HOMEM DEU A XÍCARA A SÓCRATES. O MESTRE PEGOU-A EM SUAS MÃOS, SEM TREMER OU MESMO EMPALIDECER. APENAS OLHOU PARA O HOMEM E PERGUNTOU:
> – POSSO FAZER UM BRINDE?
> – PODE – RESPONDEU O HOMEM.
> – ENTÃO EU BEBO AOS DEUSES E PEÇO QUE SEJAMOS TÃO FELIZES APÓS A MORTE QUANTO FOMOS EM VIDA.

> EM SEGUIDA, SÓCRATES BEBEU O VENENO, ENTUSIASMADA E RAPIDAMENTE. ATÉ ENTÃO NÓS HAVÍAMOS SEGURADO AS LÁGRIMAS. MAS, QUANDO O VIMOS BEBENDO, ELAS VIERAM AOS BORBOTÕES. EU COBRI O ROSTO E CHOREI – NÃO POR ELE, MAS POR MIM, ESTAVA PERDENDO UM GRANDE AMIGO.
> SÓCRATES OLHOU PARA NÓS E DISSE, SEVERO:
> – ACREDITO QUE UMA PESSOA TENHA DIREITO DE MORRER EM SILÊNCIO. ENTÃO CONTROLEM-SE E FIQUEM QUIETOS.
> – PARAMOS DE CHORAR.
> O MESTRE DEITOU. O HOMEM DO VENENO APERTOU SEU PÉ. SÓCRATES NADA SENTIU. O HOMEM DISSE QUE, QUANDO O VENENO ALCANÇASSE O CORAÇÃO, ESTARIA FEITO.
> QUANDO A DORMÊNCIA ATINGIU SEUS QUADRIS, SÓCRATES CHAMOU O JOVEM CRITO.
> ELE DISSE:
> – CRITO, DEVEMOS UM SACRIFÍCIO A ASCLÉPIO. NÃO SE ESQUEÇA DE FAZÊ-LO. NÃO SE ESQUEÇA. (ASCLÉPIO ERA O DEUS DA CURA.)
> – CLARO – RESPONDEU CRITO. – ALGO MAIS QUE O SENHOR DESEJE?
> MAS SÓCRATES NADA DISSE.
> ESSE FOI O FINAL DE NOSSO AMIGO. O MELHOR, MAIS SÁBIO E MAIS HONESTO SER HUMANO QUE CONHECI.

Que herói! Provavelmente o único professor de história a morrer de maneira tão nobre. Será que seu professor seria tão corajoso?

Infelizmente você nunca terá a oportunidade de pô-lo à prova... farmácias não vendem cicuta.

TERRÍVEL DEMOCRACIA

Muitos países, hoje, têm um regime político democrático. Isso quer dizer que todo adulto tem direito a voto na escolha das pessoas que governarão o país gastando nosso dinheiro e fazendo leis.

Atenas, sendo realmente grande, foi a *primeira* democracia. Mas, talvez porque ainda tivessem muito a aprender, a coisa toda era um pouco estranha...

TODOS VOTAM.
IUPII!
GRANDE.

MENOS AS MULHERES, É CLARO.
IUPII!
GRANDE.

NEM OS ESCRAVOS, É CLARO.
IUPII!
GRANDE.

NEM OS POBRES, É CLARO.
IUPII!
GRANDE.

E NINGUÉM COM MENOS DE 30 ANOS, É CLARO.
IUPII!
GRANDE.

FORA ISSO... TODOS VOTAM!
GRANDE.

O PODER DOS PERSAS

O rei Dario da Pérsia tinha um grande exército e decidiu que já estava na hora de dominar toda a Grécia também. Ele nem se preocupou em participar pessoalmente das batalhas – acreditava que os gregos seriam moleza. *Deveria* ser uma moleza, porque...
- só havia o exército ateniense para detê-los – os espartanos estavam muito ocupados com um festival religioso e perderam a batalha
- os soldados gregos estavam um pouco assustados pela aparência dos persas.

Os persas vestiam *calças,* enquanto os gregos usavam lindas *saias.*

Mesmo assim, os gregos atenienses venceram a grande batalha num lugar chamado Maratona.

Isso manteve os persas longe por cerca de dez anos.

Então veio o novo rei persa, Xerxes, com um exército enorme.

Havia muitos soldados para transportar através do Helesponto – um estreito com cerca de 1.200 metros de largura. Assim, Xerxes mandou construir uma ponte.

Mas caiu uma tempestade que destruiu a ponte. Xerxes estava furioso.

Então, o que fez o rei persa?
1. Mandou que o construtor da ponte recebesse trezentas chicotadas.

LASH! LASH!

2. Mandou que o mar, no Helesponto, recebesse trezentas chicotadas.

THRASH! THRASH!

3. Mandou que o exército atravessasse a nado.

SPLASH! SPLASH!

Resposta: **2.** Xerxes ordenou que o mar recebesse as chicotadas e que correntes de ferro fossem jogadas nele, como punição. Uma história conta que ele mandou torturadores maltratar o mar com ferros em brasa.

OS PERSAS CABEÇAS DE PAPEL

Os gregos não temeriam tanto os persas se soubessem o que o grande historiador Heródoto sabia. Ele contou uma história notável sobre uma antiga batalha persa, em Pelusa, Egito, onde lutaram em 525 a.C.

> NO CAMPO DE BATALHA, VI ALGO ESTRANHO QUE OS NATIVOS ME MOSTRARAM. OS OSSOS DOS MORTOS ESTAVAM JOGADOS EM DUAS PILHAS – DE PERSAS E DE EGÍPCIOS. UM CRÂNIO PERSA É TÃO FRACO QUE, BATENDO-SE NELE (ATÉ MESMO COM UMA PEDRINHA), UM BURACO SE ABRE. MAS O CRÂNIO EGÍPCIO É TÃO FORTE QUE SE PODE ATINGI-LO COM UMA ROCHA E DIFICILMENTE ELE RACHARÁ.

A MURALHA DE MADEIRA

Após massacrar os espartanos, Xerxes foi para o sul, na direção de Atenas. Os atenienses retiraram-se para a Ilha de Salamina, próxima a Atenas. Eles assistiram Xerxes queimar sua cidade, reduzindo-a a cinzas.

Mas o líder ateniense era um grande grego chamado Temístocles. Ele foi ao templo em Delfos e pediu conselho ao Oráculo – uma espécie de conselheiro em nome dos deuses. O Oráculo lhe disse: "Ponha sua confiança na parede de madeira". O que ele fez?

1. Uma marinha (com navios de madeira).
2. Construiu uma cerca de madeira ao redor da Ilha de Salamina, para manter os persas longe.
3. Construiu uma cerca de madeira ao redor de Atenas, para manter os persas dentro.

Resposta: 1. Temístocles acreditou que deveria colocar sua fé na Marinha – e ele acertou. Os 800 navios persas foram atacados nas águas estreitas entre Salamina e Atenas por apenas 310 navios gregos. Os navios gregos possuíam arietes de bronze na proa, que esmagaram e afundaram os navios persas.

O NAVIO-FANTASMA DE SALAMINA

Heródoto também conta um estranho acontecimento na batalha de Salamina.

Os atenienses contam essa história sobre um capitão de Corinto, chamado Adeimantus. Quando a batalha começou, ele estava apavorado. O capitão içou suas velas e fugiu da luta. Quando os outros coríntios o viram, viraram-se para acompanhá-lo. Mas, logo que chegaram ao templo de Atena em Sciras, um navio começou a acompanhá-los. Era um navio dos deuses, pois nenhum homem o enviara. Uma voz, vinda do estranho navio, gritou:

– Vai abandonar seus amigos gregos, Adeimantus? Eles estão vencendo a batalha. Volte e ajude-os. – Os coríntios disseram que era mentira. A voz respondeu:

– Podem ficar com este navio e destruí-lo, se eu estiver mentindo. Voltem, voltem. – Então Adeimantus e os coríntios voltaram à batalha e ajudaram os gregos a vencer. Mas ninguém foi capaz de explicar de onde saíra aquele navio...

> QUE ESTRANHO... UM NAVIO FALANTE.

> VOLTEM.

Talvez fosse um navio fantasma. Outra história conta que os coríntios apenas *fingiam* estar fugindo. Tudo fazia parte de um ardiloso plano ateniense. O truque dos coríntios levou os persas para uma armadilha, pois eles voltaram atacando quando não eram esperados. E não existia nenhum navio dos deuses.

Em qual história você acredita? Um fato é que muitos marinheiros morreram. Está escrito em dois horríveis epitáfios históricos...

> ELE AFUNDOU COM O NAVIO, E ONDE SEUS OSSOS APODRECEM SÓ OS PEIXES SABEM.

e...

> MARINHEIROS, NÃO PERGUNTEM QUAIS CORPOS AQUI ESTÃO. DESEJO-LHES MAIS SORTE QUE A MINHA, ALÉM DE UM MAR MAIS CALMO.

AS GUERRAS DO PELOPONESO

Xerxes, o rei persa, voltou para casa após perder a batalha naval em Salamina. Seu genro, Mardônio, quis permanecer e matar mais alguns gregos. Então Xerxes o deixou para continuar a guerra. Mardônio foi morto e seu exército, derrotado.

É claro que os atenienses ficaram muito contentes com eles mesmos. Assim, decidiram convencer todos os Estados gregos a se unir no caso de os persas voltarem. O problema era que Atenas queria ser a dona da bola. Esparta não gostou da ideia. E decidiu não entrar no time. Depois disso, foi uma questão de tempo para que Atenas e Esparta guerreassem entre si para decidir quem era a melhor. E esse foi o início da Guerra do Peloponeso.

EXÉRCITOS TERRÍVEIS

Alcibíades era um grande general ateniense, mas horrivelmente vaidoso. Ele se vestia com roupas finíssimas e fazia qualquer coisa para chamar a atenção para si. Uma vez ele cortou o rabo de seu cachorro favorito só para que as pessoas reparassem.

> SERÁ QUE ELE NÃO CHAMARIA MAIS A ATENÇÃO SE EU CORTASSE O NARIZ DELE?

Metade de Atenas (principalmente as mulheres) o amava. Mas os homens no poder odiavam Alcibíades e o queriam morto. Então, enviaram-no para lutar com os espartanos enquanto tramavam contra ele.

Alcibíades comandou o exército ateniense no ataque contra os aliados espartanos em Siracusa (na Sicília), entre 415 e 413 a.C. Mas ele foi chamado de volta a Atenas, acusado de "sacrilégio" (ou seja, desrespeitou os deuses). Ele teria, supostamente, arrancado o nariz de algumas estátuas de deuses e, também, suas partes íntimas (as estátuas não tinham roupas).

É lógico que o inteligente Alcibíades sabia que provavelmente seria morto se voltasse. Então, ele *não* retornou a Atenas – homem sensível, esse Alcibíades. Ele passou para o lado do inimigo – *Esparta*. E contou aos espartanos todos os segredos do exército ateniense. Os espartanos, por sua vez, foram ajudar Siracusa.

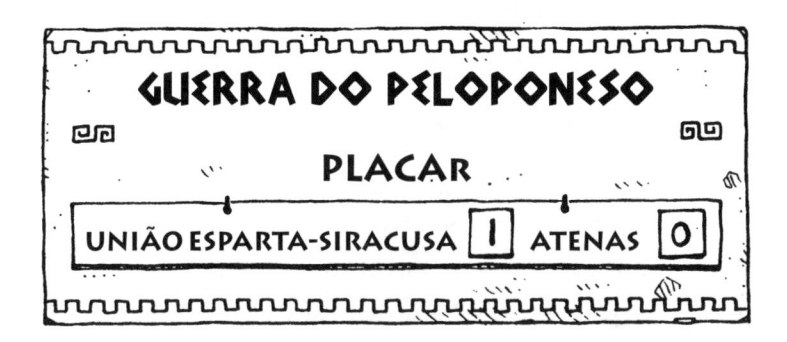

```
GUERRA DO PELOPONESO
        PLACAR
UNIÃO ESPARTA-SIRACUSA [1]  ATENAS [0]
```

No final, Alcibíades se deu mal – como o rabo de seu cachorro. Os espartanos preferiram assassiná-lo, para não correr o risco de vê-lo mudar de lado de novo.

Um grupo de homens foi à sua casa para matá-lo, mas não tiveram coragem de lutar face a face com ele, ainda que fossem em maior número. Primeiro colocaram fogo na casa. Quando Alcibíades saiu, carregando sua espada, os assassinos, a uma distância segura, dispararam várias flechas, matando-o.

ARMAS MARAVILHOSAS

Durante a Guerra do Peloponeso, gregos lutavam contra gregos. Se você souber como o inimigo luta, conseguirá detê-lo – ao mesmo tempo que ele consegue deter você. Toda batalha termina em empate. Assim, o que você precisa é de armas secretas para surpreender e amedrontar o inimigo.

Foi o que fez o grande exército grego da Beócia. Veja o que eles inventaram...

CONFIDENCIAL

O LANÇA-CHAMAS BEÓCIO

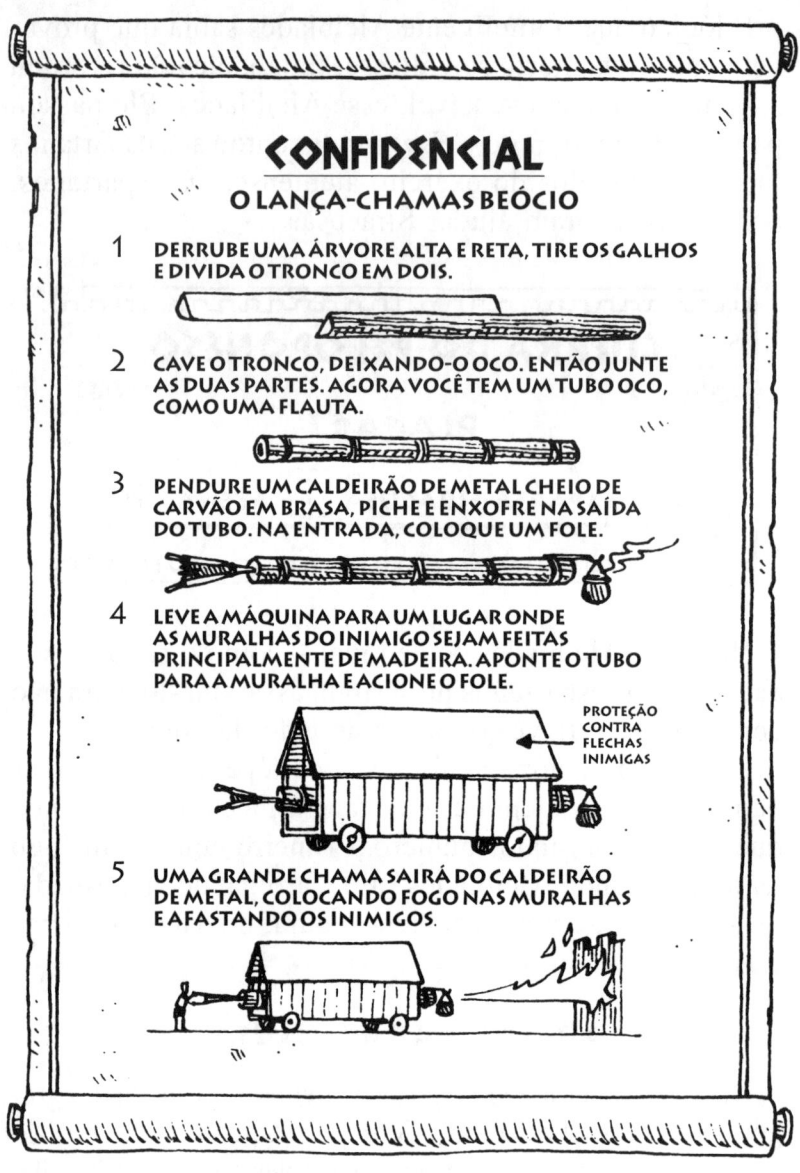

1. DERRUBE UMA ÁRVORE ALTA E RETA, TIRE OS GALHOS E DIVIDA O TRONCO EM DOIS.

2. CAVE O TRONCO, DEIXANDO-O OCO. ENTÃO JUNTE AS DUAS PARTES. AGORA VOCÊ TEM UM TUBO OCO, COMO UMA FLAUTA.

3. PENDURE UM CALDEIRÃO DE METAL CHEIO DE CARVÃO EM BRASA, PICHE E ENXOFRE NA SAÍDA DO TUBO. NA ENTRADA, COLOQUE UM FOLE.

4. LEVE A MÁQUINA PARA UM LUGAR ONDE AS MURALHAS DO INIMIGO SEJAM FEITAS PRINCIPALMENTE DE MADEIRA. APONTE O TUBO PARA A MURALHA E ACIONE O FOLE.

   PROTEÇÃO CONTRA FLECHAS INIMIGAS

5. UMA GRANDE CHAMA SAIRÁ DO CALDEIRÃO DE METAL, COLOCANDO FOGO NAS MURALHAS E AFASTANDO OS INIMIGOS.

E funcionou! Os beócios capturaram a cidade de Delos com o lança-chamas. Eles haviam inventado o primeiro *lança-chamas* do mundo!

ALEXANDRE, O GRAND-IOSO

Assim que a ameaça persa à Grécia começou a desaparecer, outra surgiu, vinda de um pequeno reino ao norte, chamado Macedônia. Alguns historiadores até afirmam que a Macedônia não era, absolutamente, grega.
Primeiro veio Filipe, rei da Macedônia. Ele derrotou os atenienses e disse-lhes que atacaria o velho inimigo de Atenas – a Pérsia.
Mas houve um pequeno contratempo nos planos de Filipe... ele morreu. Essa, porém foi somente uma complicaçãozinha. (Bem, uma complicaçãozona para Filipe, é verdade.) O filho de Filipe era maior e mais forte que ele. Era Alexandre, o Grande.

ALEXANDRE É ESTA É A SUA VIDA

ALEXANDRE, VOCÊ NASCEU EM 356 A.C., O MAIOR GREGO DE TODOS OS TEMPOS.

NÃO ME CHAME DE GREGO, AMIGO. OS GREGOS CHAMAVAM MEU PAI DE BÁRBARO.

AINDA ASSIM VOCÊ ADMIRAVA OS HERÓIS GREGOS. VOCÊ APRECIAVA TANTO A POESIA DE HOMERO QUE CARREGAVA SUA HISTÓRIA SOBRE TROIA PARA TODO LUGAR, CONTOU-NOS SEU VELHO MESTRE, ARISTÓTELES.

NA VERDADE, ELE DORMIA COM O LIVRO SOB O TRAVESSEIRO.

E VOCÊ TEVE SUA CHANCE QUANDO, COM APENAS 20 ANOS, SEU PAI, O REI FILIPE, MORREU. HOJE, ORGULHOSAMENTE, APRESENTAMOS SEU FANTASMA...

MORTO! FUI ASSASSINADO. ESFAQUEADO POR MEU PRÓPRIO GUARDA-COSTAS! E ACHO QUE SEI QUEM ESTÁ POR TRÁS DISSO, ALEXANDRE. FOI V...

EU NEGO!

VOCÊ PARTIU PARA CONQUISTAR O MUNDO. DERROTOU OS PERSAS E ENTÃO MARCHOU PARA O EGITO E PARA A ÁSIA.

MAS NÃO CONSEGUIA DOMINAR SEUS PRÓPRIOS SOLDADOS, NÃO É, ALEX?

É VERDADE. VOCÊ CHEGOU À ÍNDIA E SEUS SOLDADOS RECUSARAM-SE A CONTINUAR. O QUE FEZ O GRANDE ALEXANDRE, ENTÃO?

FICOU EMBURRADO. ENTROU EM SUA TENDA E FICOU TRÊS DIAS EMBURRADO.

VOCÊ MANTEVE O PODER EXECUTANDO PESSOAS QUE O CONTRARIAVAM. MESMO SEU AMIGO PARMÊNIO.

LEMBRA DE QUANDO ME CORTOU A CABEÇA, ALEX, MEU VELHO?

VOCÊ FICOU BÊBADO E ESFAQUEOU OUTRO AMIGO.

É DIFÍCIL ESTAR NO PODER.

> **VOCÊ CASOU COM AS MAIS LINDAS PRINCESAS DAS TERRAS QUE CONQUISTOU...**
>
> **FOI O QUE EU DISSE: É DIFÍCIL ESTAR NO PODER.**
>
> **ALEX — ESTA FOI SUA VIDA! É UMA VERGONHA, AMOR, MAS COM 32 ANOS VOCÊ BEBIA DEMAIS, PEGOU UMA INFECÇÃO E MORREU.**
>
> **QUÊ!**
>
> **SIM, ALEXANDRE, O GRANDE HERÓI, AMANTE DA POESIA, SOLDADO E ASSASSINO... ESTA FOI SUA VIDA.**

UM PROBLEMINHA EMBARAÇOSO

Quando Alexandre entrou em Górdio, disseram-lhe que a carruagem do rei Górdio estava amarrada com um nó que ninguém conseguia desamarrar. Uma lenda dizia que o homem que conseguisse desamarrá-lo seria o soberano de toda a Ásia. Como Alexandre soltou a carruagem?

Resposta: Ele puxou sua espada e cortou o nó.

PENSANDO COMO UM GREGO

Os gregos eram pessoas muito supersticiosas. Acreditavam em horóscopos e fantasmas e que os deuses decidiam seus destinos. Eles acreditavam que os deuses falavam através dos Oráculos, e que era possível conhecer o futuro... se se compreendesse o Oráculo.

ORÁCULOS ESPANTOSOS

Os gregos gostavam de adivinhar o que aconteceria no futuro. Eles não tinham bolas de cristal nem faziam leitura da palma da mão. Eles possuíam Oráculos. Os gregos iam a um lugar sagrado, faziam um sacrifício e pediam a um deus que revelasse o que o futuro traria.

É claro que o deus em questão não falava diretamente com os humanos. Em Delfos, o deus Apolo se pronunciava através da sacerdotisa-oráculo. Era mais ou menos como os médiuns de hoje, que falam com os espíritos. A sacerdotisa entrava em transe e falava de forma estranha. Os sacerdotes interpretavam essa mensagem e transmitiam ao visitante o seu significado.

> **O QUE ELA DISSE?**
> **DEZ DRACMAS E UMA VACA MORTA PARA LHE DIZER.**
>
> **VOLTO JÁ.**
>
> **ENTÃO? QUEM VAI GANHAR A CORRIDA OLÍMPICA ESTE ANO?**
> **QUEM CRUZAR A LINHA DE CHEGADA PRIMEIRO, É CLARO.**

Os sacerdotes em Delfos, na verdade, podiam dar bons conselhos. Eram tantos os visitantes, trazendo tantas fofocas, que os sacerdotes em Delfos sabiam muito do que acontecia nos Estados gregos.

CRESO, O ENGENHOSO

Havia diversos Oráculos na Grécia. O engenhoso rei Creso decidiu testá-los para descobrir qual era o mais preciso.

Ele enviou mensageiros a sete Oráculos. A todos perguntou a mesma coisa... *O que o rei Creso está fazendo agora?*

Os mensageiros levaram as respostas ao rei. A do Oráculo de Delfos foi a mais curiosa. Ela dizia:

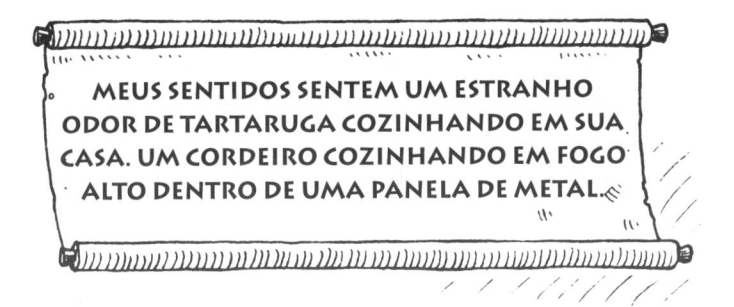

> **MEUS SENTIDOS SENTEM UM ESTRANHO ODOR DE TARTARUGA COZINHANDO EM SUA CASA. UM CORDEIRO COZINHANDO EM FOGO ALTO DENTRO DE UMA PANELA DE METAL.**

Creso ficou impressionado. Ele havia, deliberadamente, escolhido fazer a coisa mais tola em que podia pensar. Assim, fez um cozido de tartaruga e cordeiro, preparando-os num caldeirão de metal com tampa.

Creso decidiu que o Oráculo de Delfos era o mais confiável. Engenhoso esse Creso, mas...

CRESO, O ENGANADO

Mas os sacerdotes também trapaceavam. Eles davam respostas curiosas, que podiam significar mais de uma coisa. O rei Creso, da Lídia, consultou o Oráculo antes de entrar em guerra com a Pérsia.

– O que acontecerá se eu atacar a Pérsia? – perguntou o rei Creso.

– Na batalha um grande império será destruído – respondeu o Oráculo.

Creso foi, feliz, para a batalha – e perdeu. A Lídia foi destruída. Ele pensou que o Oráculo previa que a *Pérsia* seria derrotada.

Algumas das histórias favoritas dos gregos eram sobre os Oráculos. Muitas eram sobre o velho jogo de...

DESMENTIR O ORÁCULO

A família Bacchiad detinha o poder em Corinto. Eram ricos e poderosos... e estavam preocupados. O Grande Bacchiad retornara do Oráculo com uma mensagem ameaçadora.

– O Oráculo disse: "Labda dará à luz a uma rocha que esmagará aqueles que governam, acertando as coisas em Corinto" – contou o Grande Bacchiad.

– Acertando as coisas em Corinto? – fungou a Sra.

Bacchiad. – Não há nada de errado em Corinto... pelo menos enquanto estivermos no poder.
– Não é esse o problema – argumentou o Pequeno Bacchiad. – Se os deuses dizem que é o nosso fim, então é o nosso fim.
– Ah! Parece até um homem, falando assim – ironizou a Sra. Bacchiad. – Escutem, se o Oráculo diz que ela vai dar à luz um nenê que nos derrotará, vamos simplesmente matar o nenê.
– Isso é assassinato. – O Grande Bacchiad fechou a cara.
– Não vamos escapar assim fácil.
– Não será assassinato se for um *acidente* – a Sra. Bacchiad sorriu, malévola.

– É difícil isso acontecer – suspirou o Pequeno Bacchiad.
– Ah, mas fica fácil se nós *fizermos* o acidente acontecer – explicou ela. – Assim que o nenê nascer, nós vamos visitá-lo. Vamos pedir para ver a criancinha.
– Ah, que simpático! – festejou o Grande Bacchiad.
– Não é, não! – replicou a Sra. Bacchiad, balançando a cabeça. – Aquele, dentre nós, que segurar o nenê deve derrubá-lo.
– Derrubá-lo! – exclamou o Pequeno Bacchiad.

— No chão de pedra — afirmou ela, implacável. — De cabeça. Fim do problema.

É claro que não foi tão simples. Com o Oráculo nunca é. O nenê nasceu e os Bacchiad foram visitá-lo. Dez minutos depois, a Sra. Bacchiad saiu. Seu rosto estava branco, com pontos vermelhos de irritação.

— Não posso acreditar. Tudo o que você tinha a fazer era derrubar o nenê. *Derrubar o nenê!* Foi o que combinamos. Por que não o derrubou?

O Grande Bacchiad deu uma risada amarela.

— Ele sorriu para mim. Não podia derrubar o garotinho enquanto ele estava rindo para mim, podia? Não tive coragem.

— Coragem? Você não teve é cabeça — disparou ela, voltando-se para o Pequeno Bacchiad. — Hoje você vai voltar lá com um porrete. Vai se esgueirar para dentro da casa e matar o nenê. Compreendeu?

O Pequeno Bacchiad concordou:

— Não a decepcionarei — prometeu ele.

Mas Labda vira o rosto da Sra. Bacchiad quando seu marido devolveu-lhe o nenê. Ela percebeu que a mulher desejava ver seu filho morto. Assim, naquela noite ela escondeu o nenê num baú de madeira, onde ele dormiu seguro e acordou sorrindo no dia seguinte.

Labda batizou o nenê de Cipselo – palavra que significava baú. Cipselo cresceu, tornando-se um grande líder popular. Ao mesmo tempo, a família Bacchiad era odiada em Corinto. O jovem tornou-se rei – um rei forte e bom. Entretanto, em tudo que dizia respeito aos Bacchiad ele era muito, muito cruel.
Cipselo foi a rocha que rolou sobre os governantes... e, como uma rocha, esmagou-os. Conforme o Oráculo havia previsto.

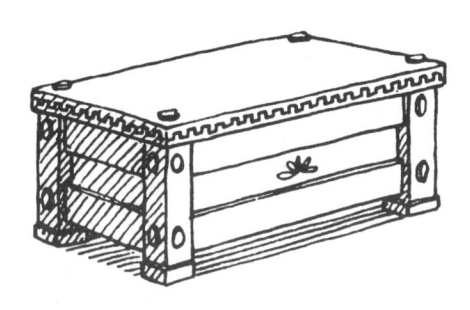

VOCÊ SABIA QUE...?

O Oráculo Pítio, em Delfos, queimava folhas de determinadas árvores para inalar a fumaça, o que supostamente o ajudava a ver o futuro. As folhas continham uma droga que o colocava em transe.
Mas o Oráculo de Corinto trapaceava. Lá era possível conversar diretamente com um deus! Conversava-se com o altar... e uma voz rugia a resposta para você, sob seus pés.
Era um milagre? Os visitantes acreditavam que sim. Mas arqueólogos descobriram, recentemente, um túnel secreto sob o altar. Um sacerdote engatinhava por ele até ficar sob os pés do visitante. Ele podia ouvir as perguntas e respondia por um funil dentro de um tubo.

SUPERSTIÇÕES GREGAS

Os gregos tiveram alguns dos mais inteligentes pensadores da Antiguidade. Ainda assim, de certa maneira, tinham algumas crenças muito esquisitas.

Hoje em dia as pessoas não gostam de passar sob uma escada porque acreditam que isso traz má sorte, ou dão três batidinhas na madeira para evitar o azar. Os gregos tinham suas próprias superstições. Eles acreditavam...

1. Que os pássaros eram mensageiros entre o céu e a terra, e que a Lua era um local de descanso para espíritos a caminho do céu.

2. Os gregos acreditavam que Hecate era a deusa da bruxaria e das encruzilhadas. Ela supostamente aparecia em encruzilhadas, em noites claras, junto com fantasmas e espíritos de cachorros uivantes. Os gregos colocavam comida para ela nas encruzilhadas. (Dentre os pedidos que Hecate recebia estava a cura da loucura – os gregos acreditavam que sua causa eram os espíritos dos mortos.)
3. Os gregos acreditavam que podiam prever o futuro "lendo" as vísceras de pássaros.
4. Também pensavam que havia espíritos chamados *daimónions*. Alguns eram bons e protegiam as pessoas; outros eram maus e podiam levá-las a se comportar de maneira igualmente má. Até mesmo pessoas inteligentes como Sócrates acreditavam em *daimónions*. Ele foi avisado por seu *daimónion* pessoal que teria problemas.
5. Os gregos guardavam corpos de mortos em vasos chamados *pilhos*. Mas, às vezes, diziam eles, os espíritos dos mortos escapavam dos vasos e começavam a importunar os vivos com doenças e problemas. Esses espíritos maus eram chamados de *keres*. A melhor maneira de evitar que os *keres* entrassem em casa era pintar com piche os batentes das portas. Assim, eles grudavam no piche e não conseguiam entrar.

6. Os gregos acreditavam que sonhar com o próprio reflexo no espelho significava que a pessoa morreria logo. Mas isso não era motivo para preocupação, porque a pessoa deveria renascer em breve. Para eles, o ser humano era composto de três partes:
- corpo
- alma
- mente

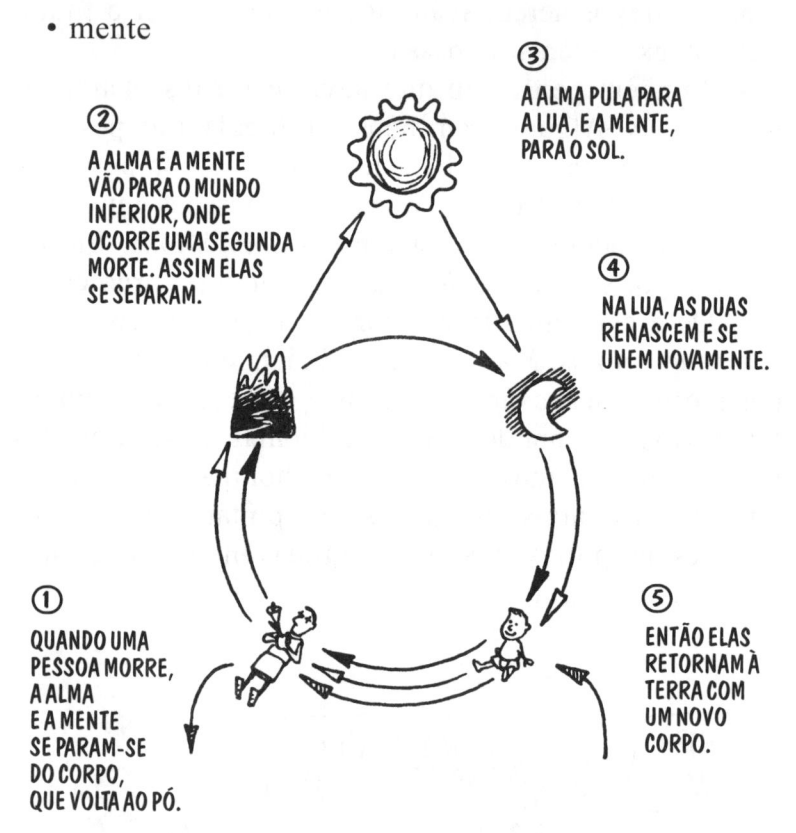

② A ALMA E A MENTE VÃO PARA O MUNDO INFERIOR, ONDE OCORRE UMA SEGUNDA MORTE. ASSIM ELAS SE SEPARAM.

③ A ALMA PULA PARA A LUA, E A MENTE, PARA O SOL.

④ NA LUA, AS DUAS RENASCEM E SE UNEM NOVAMENTE.

① QUANDO UMA PESSOA MORRE, A ALMA E A MENTE SE PARAM-SE DO CORPO, QUE VOLTA AO PÓ.

⑤ ENTÃO ELAS RETORNAM À TERRA COM UM NOVO CORPO.

7. Eles também pensavam que o lado esquerdo era ruim, e o direito, bom. Muitas pessoas ainda acreditam nisso – por exemplo, quem força criança canhota a escrever com a mão direita.

PITÁGORAS, O DOIDINHO

O famoso professor Pitágoras criou sua própria religião. Os pitagorianos acreditavam que a alma vivia após a morte, migrando para outro corpo. Um dia, Pitágoras viu um homem batendo em certo cachorro enquanto este gania. Ele disse ao homem:

> PARE! PARE! ESTE É MEU AMIGO! EU RECONHEÇO A VOZ!

Na verdade, era perigoso ser açougueiro ou caçador – ao matar uma vaca ou um cervo, eles podiam estar assassinando a mãe morta de alguém.

Eles também pensavam que, se se comportassem bem, retornariam como uma grande pessoa. Se fossem maus nesta vida, voltariam como algo ruim: um porco, um cachorro e até uma árvore. E, se fossem muito, muito maus, reencarnariam como a pior coisa de todas... uma mulher!

Os pitagorianos viviam separados do resto dos gregos e tinham algumas regras estranhas. Seu professor também tem regras esquisitas? Então pergunte-lhe quais das regras abaixo eram realmente de Pitágoras e quais delas são falsas.

Verdadeiro ou falso

1. Não coma feijão.
2. Não ande pela rua principal.
3. Não mexa no fogo com uma vareta de ferro.

4. Não mexa com galos brancos.
5. Não coma coração de animais.
6. Não pise em pontas de unhas cortadas.
7. Não deixe a marca de seu corpo na cama ao se levantar.
8. Não se olhe no espelho ao lado de uma vela.
9. Ajude os outros a carregar algo – mas não ajude ninguém a descarregar.
10. Não enfie os dedos da mão esquerda no nariz.

> *Resposta:* A 10 é falsa. Todas as outras regras são verdadeiras. Alguns gregos acreditavam que os feijões continham almas de mortos, por isso não os comiam.

TUDO O QUE EU FIZ FOI PARA PEDIR-LHE AJUDA PARA DESCARREGAR ESTES GALOS BRANCOS.

AHHH HHHH HH HH

OS FANTASMAGÓRICOS GREGOS

Foram os grandes gregos os primeiros a escrever histórias de fantasmas. Mas foi Plínio, um romano, o primeiro a escrever esta:

Lucias,
Acabei de ouvir a estranha história que se segue. Achei que poderia lhe interessar.

Havia, em Atenas, uma casa maravilhosa e enorme que, acreditava-se, era terrivelmente mal-assombrada. Os vizinhos contavam que barulhos horríveis rompiam o silêncio da madrugada: correntes sendo arrastadas, rangendo cada vez mais alto. Então, apareceu o horripilante fantasma de um velho que era a expressão perfeita da sujeira e da miséria. Sua barba era longa e opaca; o cabelo branco era sujo e desarrumado. Suas pernas finas carregavam o peso das correntes, que ele arrastava penosamente, sempre gemendo de dor. Seus pulsos estavam atados por algemas grandes e cruéis, que ele erguia e balançava, numa demonstração de fúria impotente.

Pessoas corajosas foram ousadas o suficiente para ficar na casa assombrada durante toda a noite. Elas quase enlouqueceram ao ver o fantasma. E, o pior: doença e morte acompanharam aqueles que ousaram passar lá a noite. O lugar parecia amaldiçoado. Ninguém mais queria se aproximar. Colocaram uma placa de "vende-se" na casa, mas não havia pessoa que quisesse comprá-la. Assim, o lugar foi decaindo e tornou-se quase uma ruína.

Mas Atenodoro era pobre. Ele alugou a casa mesmo sabendo de toda essa história de medo. Em sua primeira noite, lá estava ele sentado, trabalhando. Ouviu as correntes rangendo e viu o apavorante velho. Este, com a mão esquelética, chamou-o. Atenodoro respondeu que estava muito ocupado. O fantasma irritou-se e chacoalhou ainda mais suas correntes. O jovem se levantou e acompanhou o fantasma.

No jardim, o espírito apontou um local – e desapareceu. Atenodoro marcou o lugar, foi para a cama e teve uma tranquila noite de sono.

No dia seguinte, ele foi à polícia e contou o que vira na noite anterior. Policiais cavaram o lugar marcado por Atenodoro no jardim, descobrindo um esqueleto... preso com correntes.

Depois que os restos mortais do velho foram devidamente enterrados, a paz voltou àquela casa.

Plínio

PENSANDO COMO UM GREGO

No verão de 413 a.C. o exército de Atenas tinha problemas. Os atenienses tentavam derrotar a cidade de Siracusa por meio de um cerco prolongado. Mas um de seus líderes morrera, e o outro, Nícias, estava doente, com febre.

Os atenienses decidiram fazer as malas e voltar para casa. Todos concordaram que essa era uma boa ideia e começaram a arrumar as coisas. Mas naquela noite houve um eclipse da Lua cheia. Os soldados disseram que isso era um sinal dos deuses.

Um sinal de desastre. Mas será que era um sinal para eles ficarem... ou para irem? Os soldados não conseguiam chegar a um acordo. Então perguntaram o que fazer a Nícias.

– Vamos esquecer a ideia de voltar para casa. Devemos esperar a próxima Lua cheia – respondeu Nícias.

Eles esperaram mais vinte e sete dias. O que aconteceu?

1. Nícias morreu, e o exército voltou para casa.
2. O desastre os atingiu.
3. O exército de Siracusa se rendeu.

Resposta: **2.** Os vinte e sete dias a mais deram tempo à marinha de Siracusa para bloquear o rio com fileiras de navios. As embarcações atenienses não puderam sair para o mar levando os soldados. Estes tiveram de marchar por terra. O inimigo os esperava, e o exército ateniense foi destruído. Os soldados que não morreram foram transformados em escravos. Esse desastre marcou o fim de Atenas como grande Estado... e tudo por causa de um eclipse lunar e da superstição de um general grego.

VIVENDO COMO UM GREGO

O TABULEIRO DE POLÍBIO

Os gregos também eram muito bons com números. Políbio, nascido em 200 a.c., foi um historiador grego a serviço de Roma. Ele foi um dos mil reféns tomados por Roma em 168 a.c. Seus principais livros de história compreendiam quarenta volumes. Mas ele teve tempo também para inventar um código, chamado de Tabuleiro de Políbio.

Cada letra é designada por um par de números, o horizontal (linha) seguido pelo vertical (coluna). Assim, "B" é 1-2. A palavra "Sim" é 43 24 32. Entendeu?

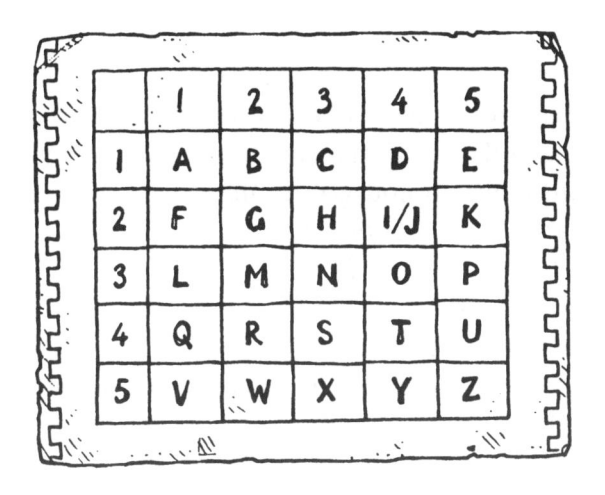

	1	2	3	4	5
1	A	B	C	D	E
2	F	G	H	I/J	K
3	L	M	N	O	P
4	Q	R	S	T	U
5	V	W	X	Y	Z

Então tente decifrar a mensagem a seguir:

34 35 42 34 21 15 43 43 34 42 22 42 15 22 34 11 33 11 53
24 32 11 33 14 42 34 44 42 34 45 53 15 34 35 42 24 32 15
24 42 34 42 15 31 34 22 24 34 14 15 43 34 31 35 11 42 11
11 22 42 15 13 24 11

Resposta: O professor grego Anaximandro trouxe o primeiro relógio de sol para a Grécia.

> 14 44 42 ‖ 43 ‖ 14 34 14 15 33 34 51 34

VOCÊ SABIA QUE...?

O Tabuleiro de Políbio pode ter sido um bom modo de enviar mensagens secretas. Mas o grego Histieus inventou um melhor!

Ele foi aprisionado pelos persas, mas foi-lhe dado o direito de escrever uma carta a seu primo Aristágoras. Os persas estudaram a mensagem cuidadosamente. Não perceberam nenhum código ou mensagem secreta. Parecia uma cartinha inocente. Eles deixaram, então, que um escravo a levasse a Aristágoras.

Assim que o escravo chegou, disse a Aristágoras:
– Raspe minha cabeça.

Aristágoras cortou o cabelo do escravo. Tatuada em seu couro cabeludo estava a verdadeira mensagem: "Comande uma rebelião contra os persas". Dez, não é?

RASPA RASPA

NÓS SOMOS UM LIVRO INTEIRO!

FAÇA UMA CÂMERA FOTOGRÁFICA

Os gregos inventaram outros grandes aparelhos, que são importantes até hoje. Um dos mais inteligentes é a câmera obscura – a câmera fotográfica, só que sem o filme. Um artista grego cobriu uma janela com um material escuro. Então fez um furo nesse material. Através desse furo passava a luz que projetava na parede, de cabeça para baixo, a imagem externa. Assim, o artista desenhava por cima da projeção.

Você pode tentar fazer a sua própria versão, um pouco menor:

1. Faça uma caixa com cartolina (ou cartão) preta, com as medidas 20 x 10 x 10 cm.
2. Faça um pequeno furo no meio do cartão da frente.
3. Feche a parte de atrás com papel-vegetal.
4. Aponte o furo para um local bem iluminado.
5. Esse local aparecerá projetado no papel vegetal.

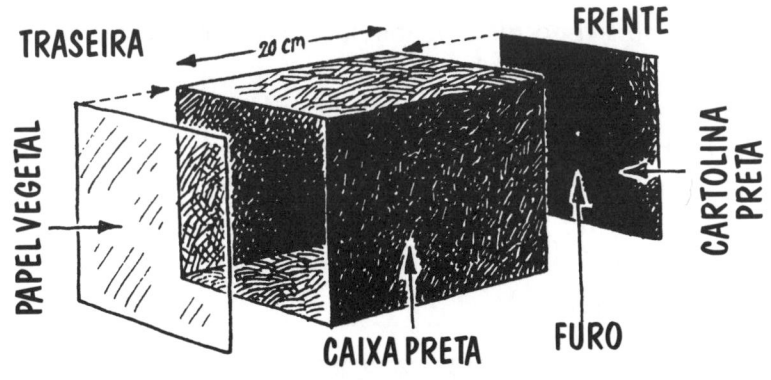

Observação: a imagem projetada estará invertida – você pode ter de ficar de cabeça para baixo para ver melhor!

DINHEIRO FÁCIL... SERÁ?

Os gregos tinham bancos. Não existem registros de assaltantes de bancos... mas havia algumas pessoas que tentavam aplicar grandes golpes nos bancos. Veja o que elas faziam...

1. Um grego espertinho ia ao banco e dizia: "Eu quero 10 mil dracmas para comprar um navio. Vou carregá-lo com milho para vender do outro lado do Mediterrâneo. Quando o navio retornar com o dinheiro do milho, eu pagarei o empréstimo".
2. O banco concordava. Os bancos gregos concordavam até mesmo que, se o navio afundasse (com todo o dinheiro deles indo por água abaixo), a pessoa que tomara o empréstimo nada mais devia.
3. O truque consistia em comprar um navio barato e colocar milho de má qualidade nele. Com isso gastavam-se uns 5 mil dracmas e guardavam-se os outros 5 mil.
4. Quando o navio chegasse a águas profundas, bastava abrir um buraco no fundo da embarcação, fazendo-a afundar.
5. Então era só pular no bote salva-vidas, remar de volta para casa e dizer ao banco: "Sinto muito, vocês perderam 10 mil dracmas!". E completar com uma boa risada, pois o golpista acabava de faturar 5 mil dracmas, só molhando os pezinhos.

Boa ideia, não? E quase funcionou para o armador-vilão Hegestratos e seu sócio, Zenothemis. Mas as coisas começaram a dar errado no quarto estágio.

Numa noite, Zenothemis ficou distraindo os passageiros no convés, enquanto Hegestratos se esgueirou até o fundo do navio.

Mas um dos passageiros ouviu um barulho e foi averiguar. Hegestratos foi pego em flagrante e tentou escapar. Ele fugiu pelo convés e pulou no bote salva-vidas. Ou, pelo menos, *tentou* pular no bote. Mas errou e caiu no mar... se afogando. Bem-feito para ele.

O navio chegou à costa em segurança, e Zenothemis teve de devolver o dinheiro ao banco. E Hegestratos terminou morto... e não rico.

CRIME E CASTIGO

Alexandria ficava no Egito, mas era governada pelos gregos. Por volta de 250 a.c. eles possuíam um conjunto de leis que podem nos dar uma ideia de como funcionava o sistema jurídico grego.

Você consegue ligar o crime ao castigo? Lembre-se apenas de que a lei não era totalmente justa. Especialmente com os escravos.

Crime	Castigo
1. Um homem livre bate em outro homem ou numa mulher livre.	**a)** Cem chicotadas
2. Um escravo bate em um homem ou uma mulher livre.	**b)** Multa de 100 dracmas
3. Um bêbado machuca alguém.	**c)** Cem chicotadas
4. Um homem livre ameaça outro com madeira, ferro ou bronze.	**d)** Multa de 100 dracmas
5. Um escravo ameaça outro com madeira, ferro ou bronze.	**e)** Multa de 200 dracmas

> *Resposta:* 1d, 2c, 3e, 4b, 5a

Se um homem livre não quisesse que seu escravo recebesse as chicotadas, ele deveria pagar 200 dracmas, ou 2 dracmas por golpe. Se ele contestasse uma multa, o caso iria para o tribunal. Mas era preciso cuidado. Perdendo no tribunal, a multa para o crime **1** dobrava e, para o crime **4**, triplicava.

ERA DIFÍCIL SER MULHER

Ser escravo na Grécia antiga não era nada divertido. Ser mulher também não era grande coisa. As mulheres espartanas viviam como homens – as atenienses, como escravas.

Os homens diziam-lhes o que fazer e o que não fazer. E elas não tinham nada parecido com os direitos dos homens livres.

GUIA DA BOA DONA DE CASA GREGA

UMA MULHER DEVE	UMA MULHER NÃO PODE
• FICAR EM CASA • SER CRIADA COM OS ESCRAVOS E APRENDER OS AFAZERES DOMÉSTICOS • APRENDER A FIAR, TECER, COZINHAR E ADMINISTRAR OS ESCRAVOS • TER UM MARIDO ESCOLHIDO POR SEU PAI QUANDO COMPLETAR 15 ANOS • ADORAR A DEUSA HÉSTIA	• VOTAR • COMPRAR OU VENDER NADA MAIS VALIOSO QUE UMA MEDIDA DE CEVADA • POSSUIR NADA ALÉM DE SUAS ROUPAS, JOIAS E ESCRAVOS • SAIR DE CASA, A NÃO SER PARA VISITAR OUTRAS MULHERES OU PARA IR A FUNERAIS E FESTIVAIS RELIGIOSOS

GRANDES GAROTAS

As mulheres de Ática eram diferentes das de Atenas. Elas ajudavam os maridos no campo. Também tinham uma forma curiosa de preparar as filhas para o casamento.

Com cerca de 13 anos, as garotas eram mandadas para o templo de Brauron, da deusa Artêmis. Lá, elas eram preparadas para se tornar jovens mulheres e boas esposas, fazendo sabe o quê?

1. Aprendendo a manejar arcos e flechas, atirar lanças, consertar armaduras e afiar espadas.

2. Rezando para a deusa iluminá-las com sabedoria e aprendendo feitiços para manter os maridos saudáveis e satisfeitos.

3. Correndo e dançando nuas pela floresta, fingindo ser ursas.

Resposta: **3.** A ideia era expulsar a selvageria "para fora dos seus sistemas" antes que elas se casassem. O templo Brauron foi muito popular entre as garotas gregas nos anos de 370 a 380 a.C. Contudo, as garotas atuais não devem fazer as mesmas coisas nos lugares modernos de culto — elas só conseguiriam ser presas ou fotografadas pelos garotos da classe, ou ficar resfriadas... ou as três coisas.

VESTINDO-SE COMO UM GREGO

Em vez de correr nu (ou nua) pelo bosque, você pode descobrir como era ser um grande grego vestindo-se como um. Veja como fazer uma roupa simples e legal.

(**Aviso:** esta é uma roupa de verão.)

1. Dobre-o um tecido retangular como mostrado acima – *não* use os melhores lençóis de sua mãe (use os do seu pai).
2. Dobre-o novamente.
3. Enrole-o no corpo e prenda nos ombros – os gregos não tinham alfinetes de segurança, mas você pode usá-los, para facilitar.
4. Prenda o lado aberto com alfinetes. Use um cinto na cintura. Veja o traje pronto na figura **4**.

5. Agora você está pronto para ser visto em público. Tente correr por aí. Você vai descobrir por que os gregos tiravam a roupa para praticar esportes.

Esse tipo de vestimenta é conhecido como *Quitão Dórico*. As mulheres usavam roupas semelhantes, mas com o comprimento chegando ao tornozelo.

TESTE SEU PROFESSOR

Os professores não sabem tudo – eles apenas fingem para você que sabem. Teste a força do cérebro do seu professor com estas perguntas sobre os grandes gregos:

1. Aristóteles, o grande mestre grego, tinha predileção por uma carne. Qual era?
  a) camelo
  b) peru
  c) fígado de cavalo

2. O grande dramaturgo Ésquilo supostamente morreu quando uma águia derrubou algo sobre sua cabeça. O que foi?
  a) uma tartaruga
  b) uma lebre
  c) uma pedra

VOU JOGAR NA LEBRE.

3. Da mesma forma que os Jogos Olímpicos, havia jogos em Ístmia. Os vencedores dos Jogos Ístmios recebiam uma coroa como prêmio. Do que era feita a coroa?
a) aipo
b) ruibarbo
c) ouro

4. Antes que o sábio Aristóteles aparecesse, os gregos tinham uma crença estranha com relação aos elefantes. Qual era?
a) um elefante não tem joelhos, então, para dormir, ele se apoia numa árvore
b) elefantes nunca esquecem
c) comer carne de elefante faz ficar forte

5. Que esporte em equipe os gregos antigos gostavam de jogar e que é praticado até hoje?
a) hóquei
b) futebol
c) vôlei

6. Górgias, um professor grego, disse que "nada existe"... nem mesmo ele. E quase não existiu mesmo. Ele nasceu num lugar peculiar. Onde foi?
a) no caixão de sua mãe morta
b) numa montanha durante uma tempestade de neve
c) a bordo de um navio que afundava

7. Os jovens espartanos experimentavam seu treinamento militar fazendo o que pela cidade?
a) tornando-se policiais secretos que assassinavam os bagunceiros
b) consertando estradas e mantendo as ruas limpas
c) tornando-se servos nas casas dos velhos e cozinhando para eles

8. Até onde foi Píteas, o explorador grego?
a) Inglaterra e mar do Norte
b) Creta, no Mediterrâneo
c) América, no Atlântico

9. Os gregos inventaram uma nova arma no século IV a.C. Eles colocavam fogo em líquidos inflamáveis e jogavam-nos sobre cidades e navios inimigos. Como se chamava essa arma?
a) fogo grego
b) vingança de Zeus
c) perigo em chamas

10. Uma planta sagrada era espalhada sobre túmulos. Hoje, porém, não a consideramos mais sagrada. Qual é?
a) salsinha
b) repolho
c) alho

Resposta: A resposta para todas as perguntas é **a**.
• Se o seu professor marcou entre 0 e 5, ele precisa voltar para a escola.
• Entre 6 e 9, é muito bom.
• Se ele marcou 10, é porque trapaceou e leu o livro antes de você.

TESTE OS SEUS CONHECIMENTOS

Agora teste os seus próprios conhecimentos. Veja quantas respostas você acerta colocando a tabela abaixo em ordem.

A	B	C
Ésquilo, o dramaturgo	inventou uma nova arma chamada	chamado hóquei
Uma planta sagrada	velejou até o	de camelo
Aristóteles, o grande mestre grego	morreu ao ter a cabeça atingida por	que elefantes dormiam encostados em árvores
Um esportista grego	nasceu	uma tartaruga
Um marinheiro grego	era espalhada sobre túmulos e seu nome era	polícia secreta
Os jovens espartanos	gostava de um esporte em equipe	aipo
Um explorador grego	recebiam uma coroa feita de	fogo grego
Górgias, o professor grego	acreditava	mar do Norte
Os vencedores, nos Jogos Ístmios	treinavam na	salsinha
Um grego antigo	gostava de carne	no caixão de sua mãe morta

A SAÚDE DOS GREGOS

É GRAVE, DOUTOR?

Diz-se que o primeiro médico grego foi Esculápio. Entretanto, já que se acreditava que ele era filho de um deus, provavelmente não existiu de verdade.

Mas seus seguidores, os esculapianos, realmente existiram. Eles não trabalhavam num hospital, e sim num templo. O tratamento prescrito aos pacientes consistia em descanso, sono e boa comida. Os esculapianos gostavam que as pessoas pensassem que eles eram deuses, então os pacientes tinham de rezar e fazer sacrifícios.

O local era famoso porque ninguém nunca morreu no templo de Esculápio e de seus médicos-sacerdotes! Como eles conseguiam?

Eles *trapaceavam*. Quem procurasse o templo estando à beira da morte não era aceito. E o paciente que piorasse lá dentro era deixado no bosque próximo.

Os médicos-sacerdotes gostavam de dinheiro. Eles avisavam aos pacientes que, se não pagassem, os deuses fariam com que adoecessem novamente. E eles usavam propaganda também. Inscrições nas ruínas mostram que os médicos-sacerdotes diziam fazer "milagres"...

SEMANA PASSADA UM CAOLHO CHEGOU AO TEMPLO. ENQUANTO DORMIA, OS DEUSES APLICARAM-LHE UNGUENTO NA PÁLPEBRA. ELE ACORDOU COM DOIS OLHOS.

OFERTA ESPECIAL DO TEMPLO – DOIS PELO PREÇO DE UM.

UMA GAROTA ESPARTANA, ARETE, SOFRIA DE ÁGUA NO CÉREBRO. ESCULÁPIO SIMPLESMENTE CORTOU-LHE A CABEÇA E DRENOU A ÁGUA. DEPOIS ELE COSTUROU A CABEÇA DE VOLTA.

BRILHANTE! INFELIZMENTE ELE COSTUROU A CABEÇA ERRADA.

HERAMUS DE MITILENE ERA CARECA. SEUS AMIGOS RIAM DELE. ENQUANTO DORMIA, ESCULÁPIO APLICOU-LHE UNGUENTO NA CABEÇA. HERAMUS ACORDOU COM UMA VASTA CABELEIRA NEGRA.

LEMBRE-SE DE LHE DAR LEITE TODOS OS DIAS – E FIQUE LONGE DE RATOS.

Com o tempo, os templos transformaram-se em verdadeiras escolas de medicina. Surgiu então o grande Hipócrates (460-357 a.C.), dizendo que as curas pelos deuses eram bobagens. Ele acreditava no estudo do corpo e em experiências.

Hipócrates foi tão importante que os médicos atuais ainda prestam o Juramento de Hipócrates (apesar de ter sido modificado durante o século XX), no qual juram, entre outras coisas: "Não fornecerei remédio mortal a ninguém, mesmo que solicitado... Usarei o tratamento para ajudar o doente, nunca para feri-lo".

Você conseguiria fazer a versão grega do juramento? Você teria de prometer...

EU JURO, POR APOLO, ESCULÁPIO E TODOS OS DEUSES, GUARDAR TODOS OS SEGREDOS...

DUVIDO!

RESPEITAR MEU PROFESSOR TANTO QUANTO RESPEITO MEUS PAIS...

FÁCIL.

TRATAR A FAMÍLIA DO MEU PROFESSOR COMO MINHA PRÓPRIA FAMÍLIA...

DIFÍCIL.

DIVIDIR MINHA RENDA COM MEU PROFESSOR.

PUXA-SACO DE PROFESSOR!

Mas Hipócrates não era perfeito. Ele dizia que havia 91 ossos no corpo humano – hoje sabemos que são 206! Ele também acreditava na "sangria" como cura. Um jovem com problemas no estômago foi "sangrado" por Hipócrates até quase ficar sem sangue... e se recuperou! Um teste para doenças do pulmão era chacoalhar o paciente – e escutar o barulho que fazia.

O bom e velho Hipo era um pouco chorão. Ele reclamava que, "se um paciente piora ou morre, as pessoas sempre culpam o médico".

Ainda assim, se fosse *você*, aposto que reclamaria se tivesse de fazer algumas coisas que Hipócrates fazia. Ele colhia amostras de...

- vômito
- cera de orelha
- lágrimas
- muco
- urina
- feridas infeccionadas

...e as testava. Mas não era como fazem os médicos modernos, num laboratório com produtos químicos. Consegue adivinhar como eram os testes?

1. pela cor
2. fervendo com suco de ruibarbo
3. provando

Resposta: 3. O médico ou o paciente tinha de provar a amostra.

Hipócrates e seus seguidores também praticavam o método de furar o crânio para drenar fluidos do cérebro. Mas ele não foi o primeiro a fazê-lo. Existem evidências de que, na Idade da Pedra, pessoas faziam essa operação. (Você gostaria de ser operado por um cirurgião com um machado de pedra?)

Os supersticiosos gregos usavam um pedaço de osso como amuleto, que, acreditavam, os mantinha saudáveis.

Mas Hipócrates dizia coisas que até hoje os médicos repetem a seus pacientes:

> OS GORDOS MORREM ANTES DOS MAGROS.

O bom e velho Hipo também disse como os médicos deveriam se apresentar e se comportar:

> UM MÉDICO DEVE TER CUIDADO PARA NÃO ENGORDAR DEMAIS. NÃO SE DEVE PERMITIR QUE ALGUÉM QUE NÃO CONSEGUE CUIDAR DO SEU PRÓPRIO FÍSICO CUIDE DOS OUTROS.
> E, TAMBÉM, ELE DEVE SER LIMPO, USAR ROUPAS BOAS E UM SUAVE PERFUME, O QUE O TORNA AGRADÁVEL NA VISITA A UM DOENTE.
> ELE NÃO DEVE APARENTAR MUITA ALEGRIA OU SERIEDADE. UM HOMEM MUITO SÉRIO PREOCUPARÁ O PACIENTE, ENQUANTO ALGUÉM QUE RI À TOA PODE SER VISTO COMO UM ESTÚPIDO.

E ele deve ter sido um bom médico, pois viveu até os noventa e nove anos.

O MÉDICO E OS MONSTROS

Nem todos os médicos eram tão bons e desprendidos como Hipócrates. Menecrates, de Siracusa, era ganancioso e muito cruel. Ele gostava especialmente de pacientes que estivessem muito doentes, porque podia chantageá-los.

> **PODE ME CURAR, DOUTOR?**
> **PODERIA SE QUISESSE.**
> **ENTÃO CURE-ME!**
>
> **ASSINE ESTE PAPEL TORNANDO-SE MEU ESCRAVO QUE EU LHE CURO.**
>
> **E SE EU NÃO ASSINAR?**
> **VOCÊ MORRE, É CLARO.**
>
> **EU ASSINO.**

ESTERCO MEDICINAL

É claro que, se você não quisesse ficar nas mãos de médicos como Menecrates, podia tentar curar a si mesmo. Foi o que fez o grande pensador Heráclito.

Ele teve hidropisia – uma doença em que a pessoa incha por reter muito líquido no organismo. Heráclito decidiu testar os médicos propondo-lhes um enigma: "Como se produz seca em tempo de chuva?". Os médicos não sabiam a resposta – nem eu. Você sabe?

Então, Heráclito decidiu se curar ele mesmo. Ele supôs que a melhor forma de se livrar de líquido em excesso era aplicando calor. Em sua fazenda, ele tinha uma pilha de excremento de animais – esterco – apodrecendo. O centro da pilha era quente.

Heráclito se enterrou até o pescoço no esterco... e morreu.

Aviso: *Não* tente fazer isso em casa. Ainda que o esterco não mate você, sua mãe o fará. E seus amigos não falarão com você até que tome cento e cinco banhos.

A HORRÍVEL PESTE

A peste foi algo que os médicos gregos não sabiam como tratar. Ela matou centenas de pessoas em Atenas, no ano de 430 a.C. A peste:
- provavelmente veio do Egito;
- apareceu tão de repente que surgiram rumores de que os inimigos de Atenas haviam envenenado os reservatórios de água;
- começava com dor de cabeça e nos olhos;
- tornava a respiração difícil e deixava a garganta vermelha;
- fazia as vítimas espirrar;
- provocava enjoos quando a infecção atingia o estômago;
- fazia com que a temperatura subisse e a vítima não pudesse usar roupas;
- fazia os doentes sentir tanta sede que se atiravam em poços;
- cobria o corpo de manchas;
- normalmente era mortal;
- os sobreviventes com frequência perdiam a memória.

Os urubus não se aproximavam dos cadáveres de pessoas mortas pela peste enquanto esperavam pelo enterro. Os urubus que se aproximavam morriam.

O historiador Tucídides disse:

> AS PESSOAS MORRIAM, RECEBENDO TRATAMENTO OU NÃO. O QUE CURAVA UMA PESSOA MATAVA OUTRAS. ALGUNS PEGAVAM A PESTE AO CUIDAR DE DOENTES, MORRENDO COMO CARNEIROS. NA VERDADE, ESTA FOI A MAIOR CAUSA DE MORTES. OS CADÁVERES FICAVAM ONDE CAÍAM, UNS POR CIMA DOS OUTROS. OS MORIBUNDOS LANÇAVAM-SE ÀS RUAS E NOS POÇOS, GRITANDO DESESPERADOS DE SEDE.

Algumas famílias queimavam seus mortos. Tucídides também conta que certos cortejos fúnebres, com frequência, jogavam o corpo que transportavam na fogueira dos outros... e fugiam!

MÉDICOS MORTAIS 1

O rei Pirro, da Grécia, teve um médico mortal, em 278 a.C. O médico escreveu aos romanos:

> PREZADO FABRICUS,
> SOU O MÉDICO DE PIRRO. SE VOCÊ ESTIVER DISPOSTO A ME PAGAR, EU ENVENENAREI O REI.

Mas Fabricus mandou esta carta a Pirro, seu inimigo, explicando:

> SAUDAÇÕES, REI PIRRO,
> VOCÊ ESCOLHE MAL SEUS AMIGOS E INIMIGOS. VOCÊ ESTÁ EM GUERRA CONTRA HOMENS HONESTOS, ENQUANTO AO SEU LADO HÁ HOMENS VIS E DESLEAIS. COMO PODE VER, NA CARTA ANEXA, EXISTE ALGUÉM EM SEU CAMPO TRAMANDO ENVENENÁ-LO. CONTAMOS-LHE ISSO PORQUE NÃO QUEREMOS SER ACUSADOS DE ATO TÃO HEDIONDO. DESEJAMOS TERMINAR ESTA GUERRA HONRADAMENTE NO CAMPO DE BATALHA.
>
> FABRICUS

O rei Pirro deu ao dr. Traidor um pouco de seu próprio remédio, executando-o. E ficou tão agradecido aos inimigos romanos que libertou seus prisioneiros sem pedir nada em troca.

MÉDICOS MORTAIS 2

Se for difícil envenenar o rei inimigo, talvez seja possível fazê-lo *parar* de tomar remédio que lhe faça *bem*. Como? Dizendo-lhe que está sendo envenenado por seu próprio médico... mesmo que não seja verdade!

> ESSA ASPIRINA VAI PIORAR SUA DOR DE CABEÇA.

Foi o que Dario fez a seu inimigo, Alexandre, o Grande. Este ficou doente e recebeu uma carta do traidor Parmênio. Como a carta de Fabricus, esta dizia:

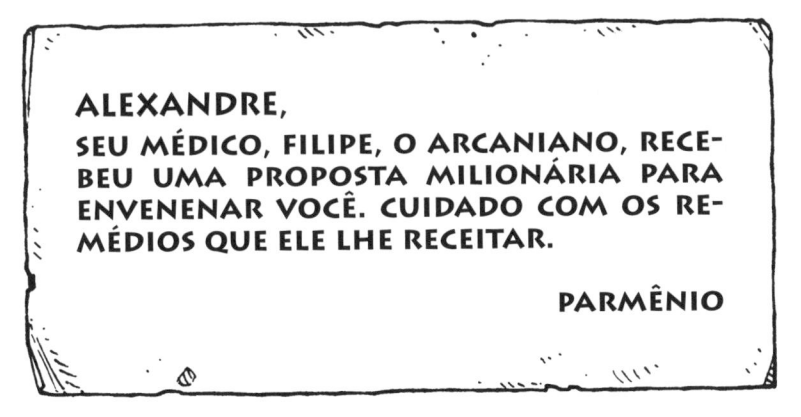

> ALEXANDRE,
> SEU MÉDICO, FILIPE, O ARCANIANO, RECEBEU UMA PROPOSTA MILIONÁRIA PARA ENVENENAR VOCÊ. CUIDADO COM OS REMÉDIOS QUE ELE LHE RECEITAR.
>
> PARMÊNIO

Naquela noite, o dr. Filipe apareceu com uma caneca cheia de remédios. Alexandre tinha a carta consigo. Será que havia veneno na caneca?

Alexandre fez algo corajoso. Entregou a carta ao médico enquanto tomava, de um só gole, o remédio.

Filipe ficou impressionadíssimo:
— Como você sabia que não era veneno? — perguntou.
— Eu não sei nada sobre venenos — respondeu Alexandre. — Mas conheço os homens. E sei que você jamais me trairia, meu amigo.

Alexandre se recuperou da doença. Nem todos os médicos eram ardilosos e mal-intencionados.

AS OLIMPÍADAS

Os grandes gregos gostavam, mais que tudo, de uma boa competição. Os primeiros Jogos Olímpicos foram simplesmente corridas a pé. Era uma corrida disputada em um dia, cobrindo a distância aproximada de 190 metros – o comprimento de um stadion grego.

Uma segunda corrida, com duas vezes essa distância, foi adicionada na 14.ª Olimpíada. Na 15.ª, quatro anos depois, outra corrida, ainda mais longa, foi acrescentada. Então, novos eventos foram sendo incluídos, até que se chegasse a uma competição de cinco dias. Havia até mesmo a Olimpíada Juvenil, para os garotos.

• A má notícia, para as garotas: as mulheres eram proibidas nos Jogos Olímpicos antigos.

• A má notícia, para os garotos: as roupas eram proibidas para os atletas.

ESCOLHA SEU CAMPEÃO

Você pode organizar uma Olimpíada contra outra classe. Primeiro você precisa organizar um torneio na sua própria classe para escolher o representante. Depois organize a torcida para torcer e incentivá-lo na competição contra o representante da outra classe.

Veja como fazer: primeiro escolha seus juízes. Eles devem treinar para essa função por dez meses antes das Olimpíadas. E têm de ser honestos. (Pode ser difícil encontrar um adulto honesto.) Combine o lugar e o horário e deixe os competidores resolver o resto.

• corrida – 200 metros
• corrida dupla – 400 metros
• salto em distância – com 1 quilo de peso em cada mão

- arremesso de disco – o que chegar mais perto de um lugar determinado ganha
- arremesso de dardo

DEPOIS DA COMPETIÇÃO

1. Dê, aos vencedores, coroas de folhas de oliveiras selvagens, que cresçam em bosques sagrados. (Se você não encontrar, faça coroas de cartolina, recortadas de caixas sagradas de sucrilhos.)
2. Grite o nome e o país do vitorioso para as multidões. (Ou apenas informe o jornal da escola.)
3. Quando o vencedor retornar a casa, ele entra por uma abertura especial na muralha da cidade. (Talvez seja melhor você *não* derrubar o muro da escola. Ele existe por um motivo – impedir que alunos rebeldes fujam.)
4. O vitorioso recebe favores especiais. Ou para de pagar impostos ou recebe refeições gratuitas na casa do soberano até o fim da vida. (Talvez você possa oferecer, ao seu campeão, lanches grátis na cantina da escola.)

MELHOR NÃO!

5. Não se esqueça de aplaudir os perdedores. Eles também têm sentimentos. (Um lutador olímpico chamado Timantes foi perdendo a força ao envelhecer. Isso perturbou-o tanto que ele acendeu uma grande fogueira e se jogou nela.)

ALGUMAS COMPETIÇÕES OLÍMPICAS QUE É MELHOR VOCÊ NÃO TENTAR

Corrida de mula – Muito fedida.

Revezamento – O deus Prometeu roubou o fogo dos deuses e o entregou aos homens. Mas os humanos tiveram de fugir dos outros deuses, que queriam se vingar. Então, eles corriam com tochas. Por isso, o revezamento olímpico era disputado com tochas, em honra a Prometeu, e não com bastões, como é hoje. Se a tocha se apagar, a equipe é desclassificada. E se você pegar a ponta errada da tocha... Ai!

> NÃO É COM A MÃO QUE ESTOU PREOCUPADO!

Corrida de quadrigas – Perigosa. O poeta Homero descreveu um acidente...

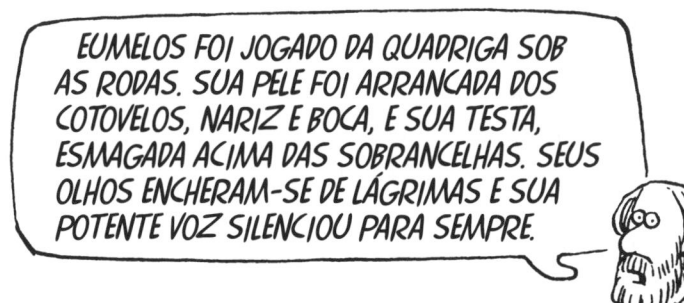

> EUMELOS FOI JOGADO DA QUADRIGA SOB AS RODAS. SUA PELE FOI ARRANCADA DOS COTOVELOS, NARIZ E BOCA, E SUA TESTA, ESMAGADA ACIMA DAS SOBRANCELHAS. SEUS OLHOS ENCHERAM-SE DE LÁGRIMAS E SUA POTENTE VOZ SILENCIOU PARA SEMPRE.

Muito mais duro que os joguinhos da escola, hein?

Corrida de hoplita – Pesada, muito pesada. Corrida usando toda a armadura e carregando as armas. Tente correr levando duas latas de lixo amarradas nas costas, só para ter uma ideia.

> HOPLITA, E NÃO 'ROUPÍTCHA'

Competição de trombetistas – Ensurdecedora.
Pancrácio... pan o quê? Pancrácio era uma mistura de boxe com luta livre. A única regra era que não havia regras, exceto que era proibido morder e furar os olhos. Era permitido...
- estrangular
- chutar
- dar chave de braço
- pular em cima do oponente.

Bom para quem ganha. Dolorido para o perdedor.

Boxe – O bom e velho boxe? Sim, inofensivos golpes com as mãos – a menos que se lute à moda da Grécia antiga, como na horrível história (real) de Creugas e Damoxenos...

A Folha da Grécia
ainda por apenas 20 óbolos
Creugas, o cadáver, reclama a coroa

Na competição olímpica de pesos-pesados, ontem, Damoxenos, o Destruidor Negro, derrotou o desafiante Creugas... e perdeu o título!

Em luta sensacional, os dois homens defendiam seus recordes. Uma multidão de 2 mil pessoas assistia à luta sentada sobre a grama, na agradável tarde ensolarada. Elas não imaginavam o que aconteceria.

Vaias

O grande Damoxenos foi vaiado ao surgir com couro amarrado nos poderosos punhos. O belo Creugas foi aplaudido ao se apresentar. A voz do árbitro cortou o círculo de grama.

– Lembrem-se: tapas com a mão aberta, socos com os nós dos dedos ou as costas das mãos são permitidos. Chutar também, mas cabeçadas, não. Entendido?

– Sim, senhor! – respondeu o destemido Creugas. O grande Damoxenos apenas grunhiu.

– A luta segue até que um dos dois desista. – O pequeno árbitro continuou. – Para desistir, levante a mão direita. Entendido?

Damoxenos sorriu, sarcástico:

– Não vou precisar lembrar disso. Não vou me render.

Martelo

A multidão vaiou novamente quando o árbitro se afastou.

– Lutem! – gritou ele, e Damoxenos se lançou para a frente, soltando seu poderoso punho de martelo na direção de Creuga. Mas este se afastou e contragolpeou com um soco na cabeça do campeão.

E assim foi o embate. O grande Damoxenos trotando e soltando golpes violentos, que não conseguiam atingir o ágil

Creugas. A multidão já estava ficando impaciente, quando o Sol se pôs e o juiz interrompeu a luta.

– Não podemos ter um empate – ele gritou. – Cada homem vai desferir um único golpe, e assim será decidida a luta.

O primeiro

A multidão pareceu gostar da decisão do juiz e se aproximou, para ver melhor.

– Você primeiro, fracote – rugiu Damoxenos. O homenzarrão deixou os braços caídos ao lado do corpo e esperou. A multidão segurou a respiração. Creugas deu uma "martelada" na cabeça do campeão. Este riu:

– Minha vez. – O jovem desafiante balançou a cabeça e esperou pelo golpe que, imaginava, o deixaria sem sentidos. Mas não foi assim que aconteceu. Damoxenos atingiu Creugas com os dedos estendidos, cruelmente, sob as costelas. As afiadas unhas rasgaram a pele do jovem. Damoxenos puxou a mão e desferiu novo golpe, dessa vez rasgando as vísceras do desafiante.

A multidão engasgou ao ver Creugas cair morto.

Trapaça

O árbitro pulou para a frente.

– Só um golpe era permitido. Você desferiu *dois*, Damoxenos; você trapaceou.

Portanto, está desclassificado. Declaro que Creugas é o campeão!

A multidão aplaudiu, alegre. O novo campeão não fez comentários.

Seu treinador disse:

– O garoto se saiu bem. Mereceu ganhar. Vamos tomar uns tragos mais tarde, para comemorar.

Creugas será lembrado para sempre como o campeão que tinha estômago para tudo!

VOCÊ SABIA...?

1. Havia multa para os trapaceiros. Eles tinham de pagar o suficiente para erigir uma estátua cara em honra a Zeus. Em Olímpia, antes de desaparecerem os Jogos Olímpicos da Antiguidade, havia muitas estátuas de Zeus. Devia haver muitos trapaceiros. **2.** A principal forma de trapaça era ter cavalos muito bons na quadriga e apostar que perderia a corrida. O impostor fingia chicotear os cavalos enquanto, escondido, puxava os arreios para segurá-los. Isso acontece até hoje. **3.** As Olimpíadas gregas foram proibidas pelos terríveis romanos. Eles não gostavam de esportes quando conquistaram a Grécia. Os romanos preferiam seus próprios "jogos"... como lutas até a morte entre gladiadores. Para abrigar as competições, eles construíram enormes coliseus. Mas permitiram que os gregos continuassem com suas competições até que o miserável imperador romano Teodósio os proibisse, em 394 d.C. **4.** As Olimpíadas antigas também tinham competições de música, retórica e teatro. **5.** As Olimpíadas ficaram esquecidas durante 1.500 anos. E foram reavivadas em 1896, por Pierre de Coubertin, um jovem nobre francês. Desde então, acontecem a cada quatro anos. As Olimpíadas gregas eram realizadas em honra a Zeus, e todas as guerras eram interrompidas durante os jogos. As Olimpíadas vinham em primeiro lugar. Infelizmente, com relação aos Jogos Olímpicos modernos, as guerras vêm em primeiro lugar. Não houve competições durante os anos de 1916, 1940 e 1944, devido à Primeira e à Segunda Guerra Mundial.

6. Um cozinheiro, Coroibus de Elis, foi o primeiro vencedor de que se tem registro.

7. Pisidoro, o garoto atleta, levou sua mãe aos jogos. Como as mulheres eram proibidas até mesmo de assistir, ela se disfarçou de treinador.
8. Nas Olimpíadas modernas existem alguns "Nikes". Mas você sabia que Nike era a deusa da vitória, que cuidava de todas as competições atléticas?
9. Uma praça esportiva media um stadion de comprimento – o equivalente a 600 pés olímpicos, ou 190 metros. Esse é o motivo pelo qual os "estádios", hoje, têm esse nome. Os competidores corriam indo e voltando, e não em círculos.
10. O poeta Homero descreveu uma corrida entre Ulisses e Aquiles. Ulisses estava perdendo e fez uma oração rápida à deusa Atena. Ela não apenas fez Aquiles escorregar, como também o fez cair de cabeça em cocô de animal. Ele se levantou cuspindo esterco – e perdeu a corrida, é claro.

COMIDA GREGA

LANCHES QUE SÃO UM SACRIFÍCIO

Um sacrifício *deveria* ser um grande presente aos deuses. "Aqui está, deuses, presentinho para vocês. Estou sendo legal com vocês, sejam legais comigo, certo?"

Quando os gregos sacrificavam um animal aos deuses, eles o assavam e comiam. É mais ou menos como você comprar uma caixa de bombons para sua mãe e devorar tudo sozinho.

• A maior honra era comer coração, pulmões, fígado ou rins assados do animal sacrificado.
• A melhor carne era dividida entre os presentes.
• Tudo o que restasse era moído junto e usado para fazer linguiças e embutidos – que as pessoas importantes não apreciavam.
• Você percebe que não sobrava muita coisa para os deuses, a não ser o rabo e os ossos.

Os gregos até mesmo misturavam o sangue e a gordura, enchendo com eles a bexiga do animal. Então eles assavam e comiam essa "pequena delícia". Você gostaria de provar tal iguaria para ver como os gregos comiam? Não precisa fazer toda a bagunça que o sacrifício de uma vaca implica. (Poderia até acabar com o tapete da sua sala.) Simplesmente vá até o açougue (ou ao supermercado, seção de frios) e peça. Mas o que você pediria?

1. miúdos
2. morcela
3. salsichão

VOCÊ NÃO ACHA QUE ESTÁ LEVANDO ESSA COISA DE SACRIFÍCIO LONGE DEMAIS?

> *Resposta:* 2. Morcela. Os gregos assavam-na, enquanto nós, normalmente, a comemos frita. Mas, no fundo, é a mesma coisa.

VOCÊ SABIA...?

Os vegetarianos na Grécia antiga não sacrificavam animais aos deuses; em vez disso, sacrificavam vegetais – rotina, certo?

MÍLON, O DEVORADOR

Mílon era um lutador. Ele se achava demais. Antes de uma competição olímpica, ele andou pelo estádio carregando um novilho vivo nos ombros.

Depois de todo esse esforço, ele queria fazer um lanchinho. Então ele matou e comeu o animal. Ele deglutiu todo o bicho antes do fim do dia.

Mas talvez existam deuses no Olimpo com certo espírito esportivo. Porque, no fim, Mílon recebeu o que merecia. *Exatamente* o que merecia.

Tudo começou com ele se mostrando, de novo. Ele partiu uma árvore ao meio somente com as mãos... mas uma delas ficou presa na árvore. Por mais que tentasse, ele não conseguia se livrar. Apareceu, então, uma matilha de lobos, lambendo os beiços e se aproximando de Mílon.

O que eles fizeram? Apenas o que Mílon fez ao novilho – exceto que os lobos, provavelmente, não o cozinharam primeiro.

COMIDA DO DIA A DIA

Os gregos comiam a carne dos sacrifícios, mas, no dia a dia, não eram de comer muita carne. Um historiador disse: "Os gregos têm dois tipos de refeição: o primeiro é um tipo de mingau; o segundo é um tipo de mingau".

Na verdade, não era assim tão ruim. O "mingau" consistia numa espécie de pasta feita de lentilhas, feijão e milho, tudo moído com óleo – vegetal, não do tipo que postos de gasolina põem nos carros.

Os camponeses comiam azeitonas, figos, sementes e queijo de leite de cabra. E engoliam essas comidas com a ajuda de água ou leite de cabra.

Por volta de 500 a.C., os ricos começaram a comer mais carne que os camponeses – carneiro, porco, cabra e cervo – e a beber mais vinho que água. Você consegue dizer o que mais eles comiam, dentre os alimentos abaixo?

QUE PORÇÃO!

1. OURIÇOS-DO-MAR
2. SABIÁS
3. BOLINHOS
4. PORCOS QUE MORRERAM DE TANTO COMER
5. OVOS DE PAVÃO
6. TREMOÇO
7. ESPAGUETE
8. GAFANHOTOS
9. NABOS
10. PÃO-DE-MEL

Resposta: Todos, menos 3 e 7.

A SOPA ESPARTANA

Talvez você não gostasse de viver em Atenas e comer gafanhotos e sabiás. Mas poderia ser pior. Você poderia morar em Esparta.

Os espartanos tinham uma mistura desagradável chamada Caldo Negro. Eles misturavam sucos de porco com sal e vinagre, fazendo uma espécie de sopa.

Os atenienses faziam comentários cruéis a respeito da comida espartana. Ateneu disse:

– Os espartanos dizem ser o povo mais corajoso do mundo. Para comer o que eles comem, *tem* de ser verdade!

Outro ateniense disse:

– Não é surpreendente que os espartanos estejam sempre dispostos a morrer no campo de batalha: a morte tem de ser melhor do que viver comendo o que eles comem.

O GRANDE COMILÃO GREGO

Arquestrato escreveu o primeiro livro de culinária da Europa, que foi feito em *versos* e provavelmente era recitado em banquetes – e não usado como livro de receitas. Ele continha alguns conselhos esquisitos para comensais e cozinheiros. Arquestrato parecia ser um homem mal-humorado, com pontos de vista firmes a respeito de certas comidas...

Um peixe de Pontus, o Saperde,
Fede e não tem sabor.
Àqueles que o comem, digo:
A grande perigo hão de se expor!

Arquestrato tinha suas comidas preferidas. Ele gostava de ridicularizar pratos mais populares...

*Alguns homens gostam de carne,
Eles cantam as delícias da vaca.
Enquanto eu, no que me concerne,
Prefiro uma boa costela de porca.*

Mas Arquestrato reservou seus comentários mais afiados para cozinheiros estrangeiros que arruinaram a boa cozinha grega com suas receitas...

*Se comida você deseja desperdiçar,
Primeiro pesque uma perca nos mares.
Então é só um péssimo cozinheiro encontrar,
Como os da Itália, que são os piores.*

*Em Siracusa há péssimos cozinheiros também,
Desperdiçando perca em molhos com queijo.
E pondo gosto de cola em tudo que fazem.
Mantenha-se longe de* chefs *assim sem jeito.*

Ainda bem que ele não viveu para provar nossas versões modernas das delícias italianas. Ele poderia ter escrito versos tão horríveis como:

*Espaguete que vem no saco plástico,
Nacional ou importado, tanto faz.
Melhor jogá-lo na lata de lixo,
Junto com a pizza que gosto não traz.*

CRESCENDO COMO UM GREGO

O Jogo do Bebê
Entre 500 e 200 a.C. havia um ritual para cuidar dos bebês. Será que *você* sobreviveria?

Pai examina o bebê.
É saudável?
Sim - Vá para o **1**.
Não - Vá para o **2**.
Não sabe - Vá para o **5**.

1. Se tiver muitos meninos, eles terão de dividir sua terra quando você morrer. Muitas meninas vão custar caro. Quer ficar com o bebê?
Sim - Vá para **6**.
Não - Vá para **2**.

2. Ponha o bebê num vaso *(pithos)* e deixe-o na montanha para morrer. Você se importa?
Sim - Vá para o **4**.
Não - Vá para o **3**.

3. O bebê morre antes de completar uma semana de vida.

4. Faça com que um casal sem filhos saiba o que você fez. Eles vão buscá-lo antes que o frio o mate ou os lobos o levem. O bebê fica com pais adotivos.
Vá para o **6**.

5. O pai testa o bebê esfregando-o com água gelada, vinho ou urina (argh!! !).
Ele sobrevive?
Sim - Vá para o **6**.
Não - Vá para o **3**.

6. O bebê faz parte da família. Conte ao mundo pregando um ramo de oliva na porta se for menino e uma tira de lã se for menina.
Vá para o **7**.

7. Realize a cerimônia de Anfidrômia. Quando o bebê completar sete dias, varra a casa e borrife-a com água. O pai segura o bebê e corre com ele pela casa, enquanto a família canta hinos.
Vá para o **8**.

8. Quando o bebê completar dez dias, faça a cerimônia de batismo. (Um garoto recebe o nome do avô.)
Parabéns, você conseguiu ... a menos que doenças, a peste, guerras ou qualquer outra coisa matem o bebê!

As boas notícias: os meninos não precisam ir à escola até completarem sete anos. As meninas nunca vão.

As más notícias: as somas não eram feitas com números, mas sim com letras: a = 1, b = 2, c = 3 e assim por diante. Você sabe o resultado de *CABEÇA + DA?*

> ACHO QUE UM POUQUINHO DE 1-7-20-1 VAI BEM!

(Obs.: acentos e cedilha não contam.)

Resposta: 312531 + 41 = 312572

> QUAL O RESULTADO DE CABEÇA E DA?
>
> PRONTO-SOCORRO, PROFESSOR!

As notícias muito ruins: os garotos iam para a escola acompanhados por um escravo. Não, não era para fazer os deveres do garoto. A função do escravo era garantir que o menino se comportasse bem. Do contrário, o escravo lhe dava uma boa surra.

TESTE SEU PROFESSOR

Os gregos adoravam pensar a respeito das coisas – a essa ciência deu-se o nome de "filosofia". Mas foi um pensador italiano – Zenão de Eleia – que surgiu com muitos pensamentos curiosos. Os gregos adoravam falar e pensar nos problemas de Zenão. Teste seu professor com esta ardilosa pergunta grega.

PROFESSOR, IMAGINE UMA CORRIDA ENTRE AQUILES, O HERÓI GREGO, E UMA TARTARUGA. AQUILES CORRE DEZ VEZES MAIS RÁPIDO QUE A TARTARUGA. ESTA RECEBEU UMA VANTAGEM INICIAL DE DEZ METROS. SERÁ QUE AQUILES CONSEGUIRÁ ULTRAPASSAR A TARTARUGA?

HA, HA, HA. E CLARO É QUE SIM.

ERRADO! O SÁBIO SR. ZENÃO DE ELEIA DISSE QUE NÃO. SEMPRE QUE AQUILES ALCANÇAR O LOCAL ONDE A TARTARUGA ESTAVA, ESTA TERÁ SE MOVIDO UM DÉCIMO DA DISTÂNCIA QUE AQUILES CORREU. ASSIM, ELA SEMPRE ESTARÁ À FRENTE.

ÉÉ... UMMM

SOBREVIVENDO À LANCHONETE DA ESCOLA

Já aconteceu de você ir à lanchonete da escola e não ver nada que lhe agradasse? O que acontece? Você fica com fome.

Os lídios ficaram com fome durante muito tempo porque não havia comida. Eles decidiram, então, fazer algo a respeito. Descobriram que, quanto mais se pensa em comida, mais fome se tem. Então inventaram jogos para se esquecerem da fome. Eles jogavam *dados* e *cubinhos*.

A brincadeira estava tão interessante que eles se esqueceram de que estavam com fome. No dia seguinte eles comeram tudo o que encontraram, ficando sem jogar. E assim foi por dezoito anos! Um dia jogos, no dia seguinte comida.

Assim, se você não gostar de nada na lanchonete da escola, pode jogar *cubinhos*, como os lídios. Você vai precisar de cinco juntas de tornozelo de animais com *patas fendidas* (eles têm ossos em forma de cubo que são perfeitos). Existem diversos animais com patas fendidas – porcos, cabras, antílopes e ovelhas. Se um deles aparecer no cardápio da lanchonete, você está com sorte.

Se o cozinheiro abate esses animais selvagens na cozinha, peça-lhe os ossinhos em forma de cubo da junta do tornozelo. Caso contrário, você vai ter de usar pequenos cubos de madeira – dados, por exemplo.

CUBINHOS: CAVALO NO ESTÁBULO

Jogadores: um ou mais.
Você vai precisar: cinco ossos cúbicos (ou cubos de madeira).
Regras: ponha os cubinhos no chão. Cada um é um "cavalo".
Ponha a mão esquerda no chão próxima a eles, aberta, com a palma para baixo e os dedos separados. Os espaços entre os dedos são os "estábulos".
Jogando: arremesse um cubo para cima (1). Antes que ele caia, você deve colocar um "cavalo" no "estábulo" com a mão direita – ou seja, bata num cubinho com a ponta dos dedos, fazendo-o se encaixar num espaço entre dedos (2).
Com a mão direita, pegue o cubinho que foi arremessado para cima (antes que ele caia no chão!).
Repita esses movimentos até que todos os quatro cavalos estejam nos estábulos – não vale mais que um cavalo por estábulo!
Quando todos os cavalos estiverem guardados, afaste a mão esquerda dos cubinhos. Jogue o primeiro cubo para cima novamente com a mão direita; com a mesma mão, pegue os quatro cavalos e recolha o cubo que está caindo.
Quando a sua vez de jogar terminar, ou com o estábulo cheio, ou se cometer um erro, passe os cubos para o próximo jogador.
O primeiro que guardar todos os cavalos dez vezes é o vencedor!

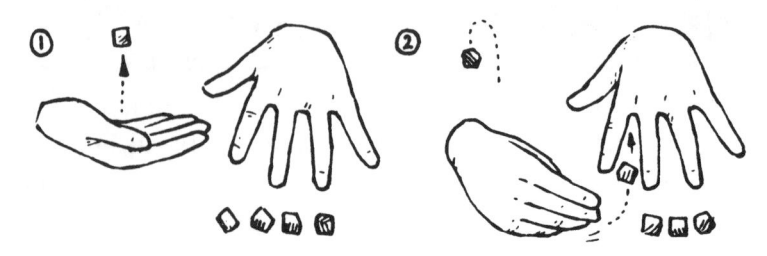

AS OLIMPÍADAS DA ESCOLA

As crianças gregas inventaram jogos que até hoje são praticados em algumas partes do mundo. Talvez você mesmo já tenha participado de um desses jogos. Em caso negativo, e se quiser jogar como um grego, veja as regras de alguns jogos:

OSTRAKINDA

Esse é um jogo para duas equipes praticado ainda hoje na Itália, Alemanha e França. Você precisa de uma moeda. Pinte um dos lados de preto – esse é o lado da "noite". O lado sem tinta é o "dia".

Regras: 1. Forme duas equipes – "noite" e "dia".
            2. Jogue a moeda para o alto.
            3. Se ela cair com a face pintada para cima, os "noites" perseguem os "dias". Se cair com a face sem pintar para cima, os "dias" caçam os "noites".

PEGA-PÉ

Regras: 1. Alguém é escolhido para ser "Aquilo".
            2. "Aquilo" recebe uma venda nos olhos e senta no chão.
            3. Os outros tentam cutucar "Aquilo".
            4. "Aquilo" tenta encostar o pé nos outros.
            5. Quem for tocado pelo pé de "Aquilo" é vendado e senta-se no chão, tornando-se "Aquilo".

MOSCA DE BRONZE

Espécie de cabra-cega grega. Veja como foi descrito:

> ELES VENDAVAM OS OLHOS DE UM GAROTO, QUE ERA GIRADO VÁRIAS VEZES E DEPOIS GRITAVA: – VOU PEGAR A MOSCA DE BRONZE! OS OUTROS RESPONDIAM: – VOCÊ PODE TENTAR, MAS NÃO VAI CONSEGUIR! ENTÃO ELE ERA AÇOITADO COM UM CHICOTE DE PAPEL ATÉ PEGAR UM DOS OUTROS.

> ESSE CHICOTE, NÃO É DE COURO?

EFEDRISMOS

Regras:
1. Um jogador é vendado e carrega outro nas costas.
2. Aquele que vai montado tem de guiar o outro até um alvo predeterminado, no chão.
3. Se o jogador vendado tiver sucesso, ele se torna o montador. Se houver mais que uma dupla, pode-se competir para ver quem chega primeiro ao alvo.

> TEM CERTEZA DE QUE O ALVO É POR AQUI?

GRÍQUETE

Os gregos disputavam jogos com bola em que era necessário fazer a bola passar por uma "portinha". Mais ou menos como críquete sem o bastão.

Só possuímos ilustrações desses jogos pintadas em vasos gregos; não temos as regras por escrito. Isso é ótimo, porque você pode criar suas próprias regras. Que tal...

1. Fique de pé numa marca a uma distância fixa da portinha.
2. Tente acertar a portinha com a bola. Você tem dez chances.
3. O adversário fica atrás da portinha, devolvendo-lhe a bola após cada um dos arremessos.
4. Depois você e seu adversário trocam de posição, e é ele quem arremessa.
5. Aquele que acertar mais vezes ganha.
6. Comece de novo, arremessando de mais longe.

Parece (pelas pinturas em vasos) que o perdedor tinha de carregar o ganhador nas costas.

POR QUE OS GRANDÕES SÃO BONS EM ESPORTES?

KOTTABOS

Regras:
1. Pegue um bastão de madeira e coloque-o de pé.
2. Equilibre um disco pequeno de metal no topo do bastão.
3. Coloque um pouco de vinho numa xícara.
4. Segure a xícara com uma mão. Com a outra dê estilingadas na água, tentando acertar e derrubar o disco.

(Você acredita que gregos adultos jogavam esse joguinho bobo em festas?)
Você pode tentar, equilibrando uma moeda no cabo de uma vassoura e substituindo o vinho por água... mas não faça isso dentro de casa, por favor!

DESAFIE SEUS PAIS

Então, eles se acham espertos, não é? Aplique-lhes este teste simples para verificar o "poder cerebral" deles. Tudo que eles têm de fazer é responder "Grandes Gregos", "Terríveis Tudors" ou "Vilões Vitorianos".
Quem usou primeiro os brinquedos a seguir? Os gregos, os tudors ou os vitorianos?
1. marionetes
2. jogo de damas
3. cabo de guerra

4. bonecas com partes articuláveis
5. carruagem em escala
6. ioiôs
7. chocalhos de bebês
8. pião
9. bambolê
10. gangorra

Resposta: Todos eram utilizados pelas crianças gregas. Qualquer outra resposta está errada. Qual foi a pontuação de seus pais?
10 provavelmente trapacearam.
6-9 muito bom – para um adulto.
3-5 voltem para a escola – ou leiam Grandes Gregos.
0-2 *jamais* deixe que eles ajudem você com a lição de casa. Seu borquinho-da-índia ajudaria mais. Na verdade, um borquinho-da-índia *morto* ajudaria mais ainda.

NÃO GOSTAMOS!

OS ROMANOS ESTÃO CHEGANDO

DERROTA EM BENEVENTO

À medida que os exércitos gregos foram ficando mais fracos, os romanos foram se fortalecendo. A princípio, os grandes gregos ganharam todas as batalhas – mas perderam muitos homens. Os romanos aprenderam com seus erros e melhoraram batalha após batalha, até que, finalmente, em 275 a.C....

PIRRO ESTAVA DESESPERADO PARA IMPEDIR QUE DOIS GRANDES EXÉRCITOS ROMANOS SE REUNISSEM.

EU TENHO UM PLANO.

UM PLANO

ATACAMOS OS ROMANOS PELAS COSTAS, AO NASCER DO SOL.

ISSO É BEM FURTIVO, PIRRO.

FURTIVO É MEU NOME DO MEIO.

COMO VAMOS PEGÁ-LOS PELAS COSTAS, SE ESTÃO NA NOSSA FRENTE?

VAMOS PELA FLORESTA, À NOITE.

ESTARÁ ESCURO.

VAMOS LEVAR TOCHAS E OS MELHORES ELEFANTES. NÃO PODE DAR ERRADO.

PODE, SIM.

E DEU. PARA COMEÇAR, ERA MAIS LONGE DO QUE PENSAVAM.

MINHA TOCHA APAGOU.

A MINHA TAMBÉM. ESTOU PERDIDO.

O SOL SE LEVANTOU. ESTOU PERDIDO. ELES CONSEGUIRAM ENXERGAR. OS ROMANOS TAMBÉM.

OPA!

RESULTADO: ROMANOS 1 GREGOS E ELEFANTES UNIDOS 0

OS ELEFANTES

1. O primeiro grego a topar com um exército de elefantes foi Alexandre, o Grande, quando invadiu a Índia.
2. Além de pisotear e aterrorizar o inimigo, os elefantes serviam de plataforma aos arqueiros.
3. Os gregos usavam elefantes fornecidos pela Índia. Os treinadores vinham com os animais, que eram domesticados desde bebês. Ninguém mais podia dar ordens aos elefantes, a não ser os treinadores. Isso porque eles só compreendiam a língua indiana.
4. Os treinadores de elefantes eram considerados importantes pelos gregos e recebiam mais que a média dos soldados.
5. Um ano após a derrota em Benevento os gregos chegaram a Argos. Na batalha, um elefante perdeu seu condutor. A criatura correu até encontrá-lo, estirado morto no chão. O elefante pegou o cadáver com a tromba e colocou-o no cesto, retirando-o do campo de batalha. E ele não se preocupou com quem pisoteava na sua retirada, matando gregos e romanos.

O PATÉTICO PIRRO

O rei Pirro teve um fim especialmente patético, em sua batalha contra os romanos. Em 274 a.C. ele lutava no cerco a Argos quando um camponês com um pique (espécie de lança antiga) feriu-o. Veja bem, o ferimento não foi muito grave, mas Pirro ficou furioso e brandiu sua espada para acabar com o homem.

O pobre Pirro não contava com as mulheres de Argos. Elas haviam subido aos telhados para assistir à batalha. Como se estivessem na escola assistindo ao jogo de futebol do filho: "Acabe com ele, Toninho!", "Olhe pra frente, meu filho!".

De qualquer modo, sabe quem assistia a Pirro atacando o camponês com o pique? A mãe do camponês.

– Ei! Esse é meu garotinho que você está tentando matar, seu grandão bobo! – A mulher gritou, arrancou uma telha e arremessou-a em Pirro.

Bem, ou a mulher era uma campeã olímpica de arremesso de disco... ou ela teve muita, muita sorte. A telha acertou Pirro na nuca, logo abaixo do capacete. O pescoço quebrou, e ele caiu morto do cavalo.

Se houvesse jornais naquela época, *O Diário de Argos* teria estampado em sua manchete:

MÃE DE CAMPONÊS COM PIQUE ABATE O PATÉTICO PIRRO

EPÍLOGO

Depois dos grandes gregos vieram os repugnantes romanos. Estes deveriam ter sido um povo ainda maior que os gregos. Afinal, eles dominaram metade do mundo, inclusive a França e a Inglaterra.

Mas os romanos eram bem repugnantes, se comparados aos gregos. Seus jogos não eram grandes eventos esportivos, como as Olimpíadas. Eram apenas desculpas para ver gente matando animais, animais matando gente, animais matando animais e gente matando gente. No boxe, por exemplo, os gregos envolviam suas mãos com tiras de couro, que serviam como luvas. Os romanos também usavam as tiras de couro, mas colocavam espinhos nelas.

As peças gregas eram interessantes e emocionantes. Os romanos quiseram copiá-las, mas procuravam mais ação e violência. Nas peças romanas, às vezes, matava-se gente de verdade no palco.

Uma história sobre a conquista da Grécia por Roma dá um bom exemplo sobre o que o mundo perdeu quando os repugnantes romanos acabaram com os grandes gregos...

Arquimedes era um grego brilhante. Quando os romanos atacaram sua cidade, Siracusa (em 211 a.C.), Arquimedes usou seu grande cérebro para inventar maravilhosas armas novas.

Por dois anos os romanos foram mantidos longe da cidade pelos "raios mortais" do inventor – espelhos gigantes que refletiam o Sol nos navios romanos, incendiando-os – e também pelas imensas catapultas.

Mas, finalmente, os romanos romperam as defesas gregas e levaram o terror aos cidadãos de Siracusa, matando e saqueando. O comandante romano emitira uma ordem expressa: "Encontrem Arquimedes, mas não matem esse grande homem".

Um soldado romano irrompeu na casa de Arquimedes, que estava no meio de uma experiência e não podia ser interrompido por uma bobagem como a invasão.

O romano ficou confuso. Por que esse velho o ignorava?

O romano ficou com raiva. Como esse velho *ousava* ignorá-lo?

O romano perdeu a paciência e matou o indefeso inventor. Com um golpe, ele destruiu um dos homens mais inteligentes que o mundo conhecera.

O soldado romano foi punido por desobedecer à ordem do comandante para não machucar Arquimedes. Mas isso não trouxe o grande homem de volta. Assim como nenhuma das maiores realizações romanas conseguiu trazer a glória dos gregos.

Os repugnantes romanos dominavam o mundo – e os grandes gregos desapareceram. Esta foi mais uma História Horrível para você.

> ACABAMOS DE DESTRUIR UM DOS PAÍSES MAIS SÁBIOS DO MUNDO.
>
> ISSO NÃO FOI MUITO SÁBIO.